BLUMEN STRÄUSSE

BLUMEN

STRÄUSSE

FLORISTISCHE IDEEN

FÜR JEDE GELEGENHEIT

MONIKA KRATZ

Mit 52 Farbfotos von Jürgen Schulzki

FLORISTIK
ULMER

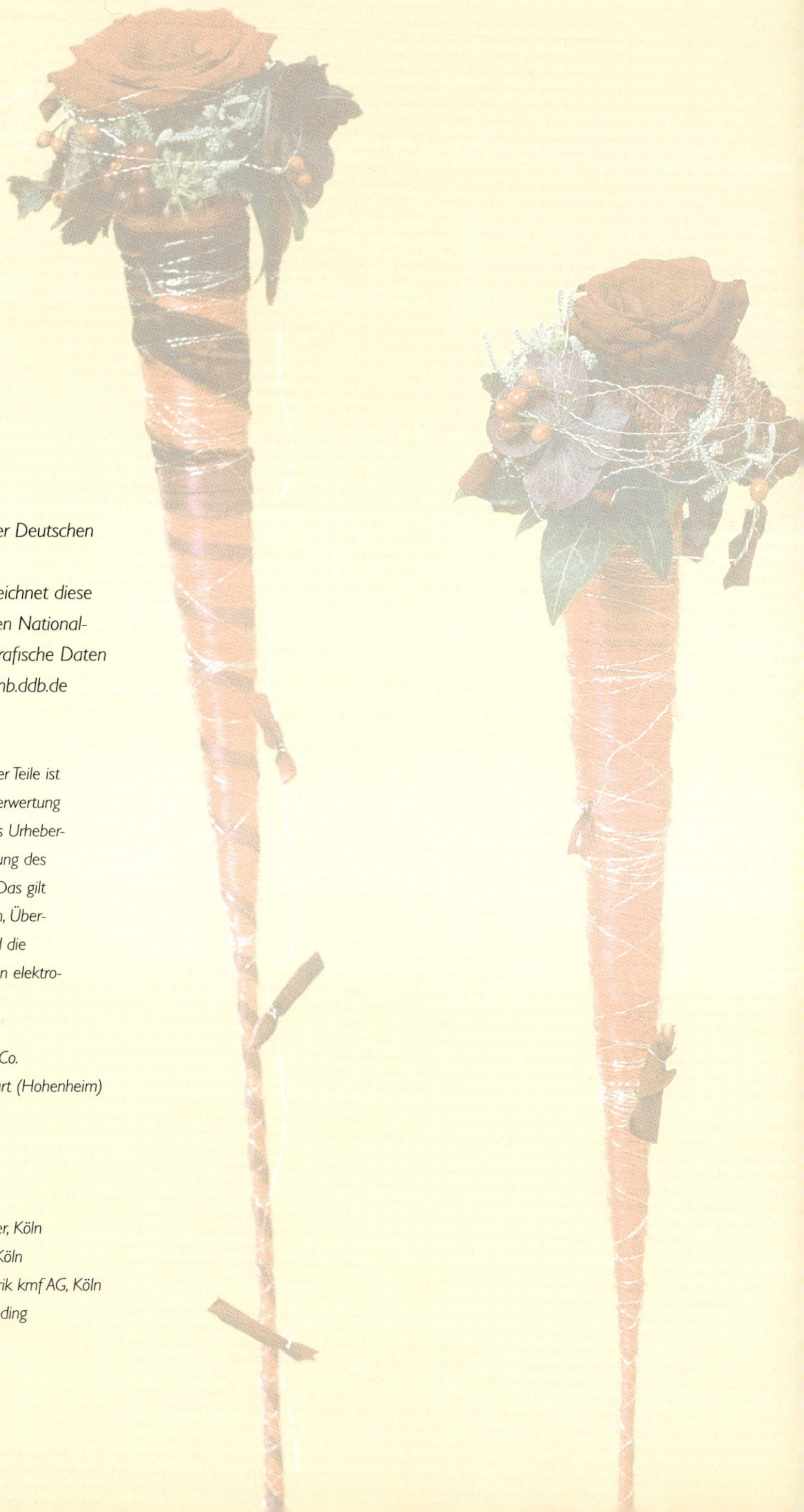

Umschlagfoto Vorderseite:
Roland Krieg, Waldkirch
Umschlagfoto Rückseite:
Jürgen Schulzki
Frontispiz:
Strauß von Seite 31
(Foto Jürgen Schulzki)

Bibliografische Information Der Deutschen Bibliothek
Die Deutsche Bibliothek verzeichnet diese Publikationen in der Deutschen Nationalbibliografie; detaillierte bibliografische Daten sind im Internet über http://dnb.ddb.de abrufbar.

Wollgrasweg 41 • 70599 Stuttgart (Hohenheim)
E-mail: info@ulmer.de
Internet: www.ulmer.de
Lektorat:: Ina Vetter
Printed in Germany
Layout und Produktion: Birgit Beyer, Köln
Reihengestaltung: Michael Ditter, Köln
Reproduktionen: kölnermedienfabrik kmf AG, Köln
Druck und Bindung: aprinta, Wemding

ISBN 3-8001-3242-7

INHALT

EINLEITUNG

Was ist ein Blumenstrauß? Stehen üppige Blumen, lose oder gesteckt, in einer Vase, sagt jeder: »Was für ein schöner Strauß!« Für Floristen aber ist das eine Gefäßfüllung oder ein Gesteck. Ein Strauß im engen floristischen Sinn ist immer gebunden. Dadurch bleibt die einmal gestaltete Form erhalten und er kann problemlos, ohne Gefäß, transportiert werden. Was vom floristisch-technischen Standpunkt aus gesehen aber ein gebundener Strauß ist, muss Blumenfreunden optisch gar nicht so vorkommen, wenn er nämlich von der ursprünglichen garbenähnlichen Straußform sehr weit entfernt ist.

In diesem Buch geht es in erster Linie um Sträuße, die zum einen aussehen wie Sträuße (Trichter-, Kuppel- und Tropfenform) und die zum anderen (meist in Spiraltechnik) gebunden sind. Kleine und große, als nettes Mitbringsel aus dem Garten, als täglicher Strauß für die Wohnung oder als besondere Dekoration für festliche Anlässe. Die Beispiele sind zahlreich, ihre Variationsmöglichkeiten fast unendlich. Außerdem werden einige Spezialitäten und Raritäten gezeigt für alle, die sich einmal in den Bereich außergewöhnlicher Straußkreationen wagen möchten. Die Grundtechniken sind ausführlich im Anhang auf Seite 91 beschrieben. Viel Spaß und gutes Gelingen!

KLEIN ABER FEIN

SÜSSE MINI-STRÄUSSCHEN
Eine Hand voll Blumen als individuelles Mitbringsel dekorieren

BIEDERMEIER & CO.
Den blumigen Charme vergangener Zeiten modisch neu interpretieren

BÜNDEL UND TÜTEN
Ein Bund Tulpen oder eine Rose flott umwickeln, rollen, schmücken

Unsere »Kleinen« unter den Blumensträußen kommen ganz groß heraus, wenn eine pfiffige Gestaltungsidee dahinter steckt. Klein, aber eben fein! Klein kann kleine Blüten bedeuten, kurzstielige Blumen oder wenige Stiele zusammengefasst. Fein – ja, da sind tausend Möglichkeiten offen, um die Blumen richtig in Szene zu setzen. Kleine Sommerblumen oder Kräuter von der Wiese, Mininelken oder Moosröschen aus dem Blumengeschäft, ein paar Frühlingsblumen aus dem eigenen Garten, das ist die Basis. Daraus lassen sich fantasievolle Sträußchen binden, in Spiraltechnik, parallel gebündelt oder zu Tüten gerollt und gewickelt, je nachdem wie die Blumenarten am besten zur Geltung kommen. Als i-Tüpfelchen werden selbst gemachte florale Accessoires oder dezenter Zierrat ergänzt, sodass eine harmonische Komposition entsteht, bei der die Blumen – und seien sie noch so klein – die Hauptrolle spielen.

1

SÜSSE MINI-STRÄUSSCHEN

Eine Hand voll Blumen als individuelles Mitbringsel dekorieren

Eine Hand voll Blumen, Gräser und Kräuter (oder »Unkräuter«), gepflückt beim Spaziergang oder bei einer Runde durch den Garten, ist rasch zu einem niedlichen Sträußchen gebunden. Da können sogar die Kinder mitmachen. Wer das spiralige Anlegen der Stiele beherrscht, wird die Blumen schon während des Rundgangs richtig in der Hand zusammenfassen und binden. Echte Sträuße-Fans haben natürlich immer eine kleine Blumenschere und ein Stück Bast in der Jackentasche ... Aus acht bis zehn Blumen einer Sorte, parallel zusammengefasst, lässt sich ebenso schnell ein Mono-Sträußchen binden. Individuelle, fantasievolle Verzierungen machen aus den schlichten Minis feine Blumengeschenke.

Runden gemischtes Beiwerk hinzu, dann die Röschen und das restliche Beiwerk. Alles schön locker und nicht zu gleichmäßig fassen. Efeublätter bilden den Abschluss. Dicht darunter binden und die 15 cm langen Stiele auf ca. 10 cm mit Drahtkantenband abwickeln. Aus den Satinbändchen nach Belieben Schleifen knoten und als Schmuck ein Kränzchen aus mit Silberdraht umwickeltem Gras daran befestigen. Als Clou auf die »Mikado-Stäbe« ein Ginkgoblatt aufspießen.

2 + 3 Monosträußchen. Fassen Sie eine Anemone unter dem Kopf und legen Sie weitere Blüten dicht an dicht kreisförmig an, die Stiele hängen nach unten. So entsteht ein hübscher Tuff. Dicht darunter vorsichtig binden (hohle Stiele!), mit Drahtkantenband breit abwickeln und mit Silberkordel verzieren. Eine zweite, bei langen Stielen eine dritte Bindung aus Silberkordel hält das Bündel gerade. Als Schmuckelement ein Schleierkrautkränzchen waagerecht überschieben und mit Perlennadeln rundum feststecken oder senkrecht mit einer Perlennadel (und evtl. aufgespießten Blüten und Perlen) auf das Stielebündel stecken.

SIE BRAUCHEN *(Bild 1):*

- *3 kleine Polyantharosen (hier: 'Schneewittchen') oder andere Blüten dieser Größe*
- *ca. 30 Stielchen sehr klein strukturiertes Beiwerk (hier: Knorpelmöhre, Lavendel, Kamille, Katzenminze, Lanzen-Eisenkraut, Gräserblüten)*
- *7 gestielte Efeublätter*
- *1 Zaunwinde*
- *3 »Mikado-Stäbe« + 1 Ginkgoblatt*
- *20 cm Drahtkantenband, 1 m mittleres und 2,5 m schmales Satinband*
- *Kränzchen aus Gras und silbernem Wickeldraht*

Alternative (Bild 2 + 3):

- *je ca. 10 Anemonen*
- *20 cm Drahtkantenband, Silberkordel*
- *Kränzchen aus Steckdraht, Schleierkraut und Myrtendraht, zum Feststecken waagerecht: 10 Perlennadeln, senkrecht: 1 Perlennadel, 1 dicke Perle, 2 flache Blüten (z.B. Hortensie, Blaues Gänseblümchen)*

1 Mixsträußchen. Gräser, Katzenminze und Lavendel, die längsten Stiele, werden büschelweise zusammengefasst. Sie ergeben die Mitte des Sträußchens. Nehmen Sie auch gleich die »Mikado-Stäbe« mit dazu, das ist einfacher, als diese zum Schluss durchzustecken. Dann fügen Sie in spiraliger Anordnung zwei, drei

Tipp Anemonentuffs in knospigem Zustand binden. So beschädigt man nicht die großen, zarten Blütenblätter. Sie gehen in der Wärme schnell auf.

3

BIEDERMEIER & CO.

Den blumigen Charme vergangener Zeiten modisch neu interpretieren

Biedermeiersträußchen haben sich im Laufe von bald zweihundert Jahren immer wieder verändert. Aber von ihrem Charme haben sie nichts verloren. Biedermeiersträußchen bilden eine der wenigen stark formbezogenen Straußarten, die heute noch geläufig sind, wobei sich die Blumen dem mehr oder weniger strengen Umriss sowie dem zuvor ausgedachten symmetrischen Muster unterordnen. Es gibt aber auch die lockere und asymmetrische Verteilung. Gemeinsam ist beiden Varianten die eine Blume im Mittelpunkt. Für einen glatten Abschluss sorgen nach wie vor Manschetten aus nichtfloralem Material wie Papier oder Stoff. Allerdings ist das zeitraubende Andrahten der vielen kleinen Blumen nicht mehr zeitgemäß. Lieber entscheidet man sich für Blumenarten und Straußgrößen, die ein spiraliges Binden mit Naturstielen zumindest überwiegend ermöglicht.

Tipp Draht nie mit der Blumenschere schneiden, sondern mit dem dafür vorgesehenen Werkzeug: Drahtzange oder Seitenschneider.

SIE BRAUCHEN *(Bild 1 + 2):*

- *50 einzelne Spraynelken (entspricht ca. 10 Stielen)*
- *1 großköpfige Rose*
- *kleinteiliges Beiwerk (hier: 7 Dolden Schneeballbeeren, 50 Spitzen graugrüne Hebe, 14 Tuffs (= 2 Stiele) quirligen Zierspargel (Asparagus retrofractus)*
- *1 Perlennadel, 60 cm Satinbändchen, silbernen Wickeldraht*
- *Manschette: 1 m Organzaband (ca. 10 cm breit)*
- *grünen 14er Stützdraht*

Alternative (Bild 3):

- *1 angeblühte Rose*
- *40 kleinere Blätter (hier: Perückenstrauch, Frauenmantel, Purpurglöckchen, Funkie, Salbei)*
- *15 Stück klein strukturiertes Beiwerk (hier: Hauswurz-Rosetten, Efeufruchtstände, Fencheldolden)*
- *15 einzelne Weidenkätzchen, goldenen Wickeldraht, Orchideenwurzeln*
- *Manschette: Pappring (Durchmesser 25 cm, Öffnung 5 cm), 16er Steckdraht, 2 m Drahtkantenband, goldenen Wickeldraht*

1 + 2 Rosa Ringel-Biedermeier. Nehmen Sie etwa 10 Stiele gut besetzte, nicht zu knospige Spraynelken auseinander, sodass Sie 50 Einzelblüten erhalten. Schneiden Sie alle Materialien zurecht, zu kurze Stiele müssen angedrahtet werden. Um eine Rose als Mittelblume legen Sie in der Hand eine Runde bläuliche Beerendolden spiralig an, dann eine Runde Nelken, dann graugrüne *Hebe*-Spitzen, dann wieder Nelken und zuletzt Zierspargeltuffs. Zusammenbinden.
Als klassischen Biedermeier-Abschluss können Sie eine fertige Tüll- oder Spitzenmanschette nehmen. Oder Sie wählen eine selbst gemachte Variante: Etwa 7 Stücke breites Organzaband einseitig kräuseln, andrahten und wie Blumenstiele rundum anlegen. Witziges Accessoire: Zwei kurz geschnittene Nelken mit Silberdraht an die Enden eines farblich passenden Satinbändchens wickeln und dieses mit einer Perlennadel in die Rose stecken.

3 Grüner Blätter-Biedermeier. Bereiten Sie zuerst die Manschette vor. Schneiden Sie einen Pappring aus mit einer Öffnung von 5 cm und einem Durchmesser von 25 cm. Den Ring umwickeln Sie mit Drahtkantenband und anschließend mit Golddraht. An drei Stellen mit Steckdraht andrahten, sodass ein Griff entsteht, der den Pappring waagerecht hält.
Vor dem Straußbinden sollte auch die Golddrahtgirlande aus aufgefädelten Weidenkätzchen fertig sein. Blätter und Beiwerk liegen geordnet bereit. Den Anfang macht wieder die zentrale Rose. Um sie herum werden ungleichmäßig die verschiedenen Beiwerkarten angelegt, nach außen vermehrt die Blätter. Manschette über die Stiele schieben und diese zusammenbinden. Filigranes Gerank (Orchidenwurzeln, Drahtgirlanden) leicht kreisförmig darüberziehen.

3

BÜNDEL UND TÜTEN

Ein Bund Tulpen oder eine Rose flott umwickeln, rollen, schmücken

Kleiner Aufwand, große Wirkung. Das kennzeichnet unsere verschiedenen Beispiele von Blumenbündeln und -tüten. Man nehme eine Hand voll Blumen und umgebe sie mit einer modisch gestylten Hülle. Das ist das Rezept. Alles weitere bleibt Ihrer Kreativität überlassen. Ob lang oder kurz, dick oder dünn, Mono-Blüten oder Mix, solche umhüllten Blumenbündel sind das ideale Mitbringsel für eine kleine Geselligkeit. Die Stiele sollten lang genug aus der Hülle ragen, dann können die Bündel entsprechend tief ins Wasser gestellt werden. Als Gefäße eigenen sich runde oder eckige Glasaquarien mit weiter Öffnung, wo die spitzkegeligen Sträußchen sich einfach schäg gegen die Wand lehnen können. Wer ein Gefäß gleich mitliefern möchte, wählt die Version »Rose mit Beiwerk im Tütenväschen« – der Hit für junge Leute.

3

2

SIE BRAUCHEN *(Bild 1 + 2):*

- *je 1/2 bis 1 Bund Frühlingsblumen (z.B. Tulpen oder Narzissen) oder andere Bundware*
- *Hüllen (v.l.n.r.):*
  - *Pappe, Klebstoff, Heftzange, 25 »Eselsohren« (Stachys-Blätter), Floralkleber, 20 Perlennadeln, 3 m Satinbändchen*
  - *1 großes Bergenienblatt, 20 cm Band, 1 Perlennadel*
  - *handgeschöpftes Papier, 5 »Eselsohren«, 20 cm Band, 5 Perlennadeln*
  - *Sisalfaser, Blumenseide, Bouillondraht, 1 Perlennadel*

Alternative (Bild 3 + 4):

- *je 1 angeblühte Rose und kleinteiliges Beiwerk (hier: Hagebutten, Geißblatt- und Efeufruchtstände, Heiligenkraut, Hortensien, Fette Henne, Heuchera-Blätter)*
- *Rosenblütenblätter, silbernen Bouillondraht*
- *je 1 Sisaltüte am Stiel*

1 + 2 Blumenbündel. Nehmen Sie ca. 5–10 Stiele Frühlingsblumen (ideal sind Tulpen). Bundware bitte auseinandernehmen, putzen und wieder Kopf an Kopf zurechtlegen, aber nicht binden. Für dekorative (Geschenk-) Umhüllungen hier einige Beispiele:
Aus Pappe eine konische Röhre rollen, zusammenkleben und heften und die Öffnungen gerade abschneiden. Flauschige »Eselsohren« mit Floralkleber von oben nach unten überlappend aufkleben und die Spitzen zusätzlich mit Perlennadeln feststecken. Das lose Blumenbündel durchstecken, bis es festsitzt. Dann direkt unter der schmalen Öffnung mit Schleifenband zusammenbinden.
Ganz schnell geht das Einrollen in ein großes Blatt, das im unteren Teil mit Band umwickelt und dann mit einer Perlennadel festgesteckt wird. Statt des Blattes darf es auch ein schönes Papier oder Blumenseide sein, evtl. mit

Tipp Zum Überreichen einer Tütenvase als Geschenk fixieren Sie das Sträußchen sicherheitshalber mit etwas Draht an der Vase. Wasser sollte erst später (vom Empfänger) eingefüllt werden.

Sisal ausgepolstert. Zum Umwickeln eigenen sich Bänder und Zierdrähte, zum Fixieren Perlennadeln. Achtung: Die Nadeln müssen mit Bedacht gesteckt werden. Schließlich soll sich beim Anfassen niemand weh tun.

3 + 4 Gestielte Tüten. Das Inlett der fertigen Sisaltüten am Stiel ist aus Kunststoff und wasserdicht. Für das winzige Sträußchen nehmen Sie eine großköpfige Blume (angeblühte Rosen sind ideal) und binden spiralig kleinteiliges Beiwerk dazu. Die Stiele auf 10 cm abschneiden und in die mit Wasser gefüllte Tütenvase (die ihrerseits stabil in einem Gefäß steht) einstecken. Bouillondraht-Girlanden mit aufgefädelten Rosenblütenblättern herabhängen lassen. Für die Gartenparty können die Tüten übrigens einfach in den Rasen gesteckt werden.

4

BELIEBTE TISCHSTRÄUSSE

EINFACHE TRICHTER-STRÄUSSE
Die spiralige Bindetechnik an einfachen Straußformen üben
LOCKERE KUPPELSTRÄUSSE
Mit Gräsern und filigranem Beiwerk duftige runde Sträuße kreieren
KOMPAKTE ZENTRIERTE KUPPELSTRÄUSSE
Den klassischen Touch erzielen durch dichten symmetrischen Aufbau
KOMPAKTE GRUPPIERTE KUPPELSTRÄUSSE
Spannung schaffen durch versetztes gruppenweises Anordnen

Die beliebtesten Sträuße sind heute die »runden«. Für einen Kuppelstrauß, besonders für eine perfekte Halbkugel, braucht man mehr Blumen als man denkt. Floristen bringt es fast zur Verzweiflung, wenn Kunden wünschen: »Machen Sie mir doch bitte aus diesen fünf Blumen einen schönen runden Strauß.« Nicht etwa, weil sie gerne mehr Blumen verkaufen wollten, sondern weil man aus fünf Blumen keinen runden Strauß gestalten kann!
Ein Experiment: Malen Sie auf eine Styropor-Halbkugel (30–40 cm) große Kringel, zuerst oben auf die Mitte, dann weitere in regelmäßigen Abständen, auch kleinere, bis die Kuppel bedeckt ist. Dann zählen Sie. Je nach Größe und Abständen werden Sie auf 40 bis 60 Kringel kommen. Im richtigen Leben ist das die Blumenmenge, die für einen Strauß dieser Form benötigt wird. Weniger ergibt automatisch eine Trichterform.

EINFACHE TRICHTERSTRÄUSSE

Die spiralige Bindetechnik an einfachen Straußformen üben

Unter den mittelgroßen Sträußen sind die einfachen Trichtersträuße ideal zum Trainieren der spiraligen Bindetechnik, denn es gibt mehrere Vorteile gegenüber den anderen Formen. Zunächst werden weniger Blumen und Beiwerk benötigt. Die Anzahl der Stiele ist völlig unbestimmt, da die Trichterform irgendwo zwischen sehr schmal (fast wie ein Bündel) und sehr breit (fast wie eine Kuppel) eingeordnet werden kann. Außerdem sind in der Blütenebene keine besonderen Aspekte der Gestaltung zu beachten – alle Blüten liegen etwa auf gleicher Höhe –, sodass man sich ganz auf das spiralige Anlegen der Stiele konzentrieren kann. Bei Trichterstäußen, ob für zu Hause oder als Geschenk, geht es mehr um die Blumen selbst als um eine raffinierte Gestaltung.

SIE BRAUCHEN *(Bild 1):*
- *2 Bund Heidelbeerzweige*
- *je ca. 1 Bund Tulpen, Anemonen, Mimosen*
- *Schleifenband (hier: 2 m Organzaband und 3 m Drahtkantenband)*
- *grünen 14er Stützdraht*

Alternative (Bild 2 + 3):
- *2 mittelgroße Töpfe Heidekraut (Calluna oder Erica-Arten)*
- *15 Blumen und Früchte in Rot/Orange/Lila (hier: Kapuzinerkresse, Phlox, Lampionblume, Hagebutten)*
- *schmales Schleifenband (hier: 2 m graurosa Acetatband),*
- *florales Accessoire: Steckdraht, Zieräpfelchen und andere kleine Früchte, 1 Perle, Blattgold, Sprühkleber*

1 Langer Trichterstrauß. Besorgen Sie sich drei verschiedene Frühlingsblumenarten, die in etwa gleich lang sind, zum Beispiel Tulpen, Anemonen und Mimosen. Als Beiwerk eignen sich sehr gut die sparrigen Heidelbeerzweige. Je mehr Beiwerk Sie nehmen, desto größer werden die Abstände zwischen den Blumen und desto weniger Blumen brauchen Sie.
Binden Sie in Spiraltechnik aus den geputzten und sortierten Blumen und Zweigen, gleichmäßig abwechselnd und gleich hoch, einen bunten Frühlingsstrauß in Trichterform. Soll dieser ein Geschenk sein, kann die Bindestelle mit ein, zwei angedrahteten Schleifentuffs kaschiert werden, deren Enden lang herabhängen.

2 + 3 Kurzer Trichterstrauß. Die leicht buschigen Heidezweige, im unteren Drittel abgestreift, sind für einen kleinen Strauß in Spiraltechnik die richtigen »Abstandhalter« zwischen den zarten Blüten. Aus viel pink-lila Heide und wenigen dünnstieligen, gleich langen Blumen und Früchten in Orange und Rot können Sie rasch ein knallbuntes Herbststräußchen binden.
Der waagerechte Früchtespieß aus Steckdraht sitzt auf einem senkrechten Steckdraht als Stiel (wie ein »T«). Den zentralen Zierapfel mit Blattgold bekleben und eine Perle über das Stielchen ziehen.

Tipp Angedrahtete Schleifentuffs, die als Geschenkdekoration die Bindestelle kaschieren, werden, bevor der Strauß ins Wasser kommt, herausgezogen und nach Belieben in die Mitte oder am Rand des Straußes wieder eingesteckt.

3

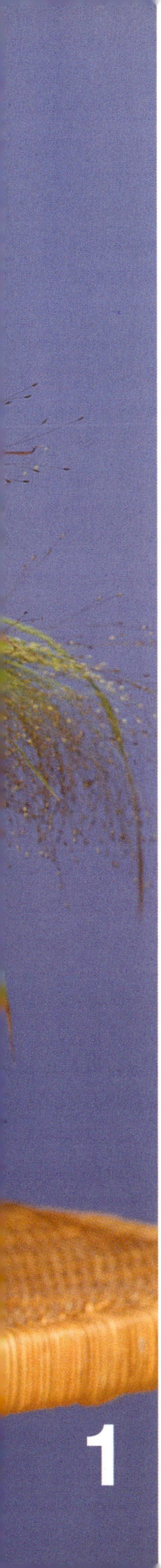

LOCKERE KUPPELSTRÄUSSE

Mit Gräsern und filigranem Beiwerk duftige runde Sträuße kreieren

Für eine nahezu halbkugelförmige Kuppel – da führt kein Weg dran vorbei – braucht man schon eine ganze Menge Blumen. Etwas sparsamer geht es, wenn entsprechend mehr sparriges Beiwerk als Abstandhalter verwendet wird, sodass mehr Luft zwischen den einzelnen Blüten entsteht und trotzdem die Stiele fest zusammengebunden werden können. Den lockeren Umriss kann man durch leichtes Höhenstaffeln der verschiedenen Blütenformen und durch Verwenden von vielen zarten, ausschwingenden Formen wie Gräserblüten und -blättern erreichen. Beim Anlegen und Drehen ist es wichtig, die gedachte Kuppelform im Auge zu behalten. Um ihr einen deutlichen waagerechten Abschluss zu geben, sollte man eine Verdichtung durch Blätter, also eine Blattmanschette, anstreben.

SIE BRAUCHEN *(Bild 1):*

- *15 Stiele der Hauptblumen (hier: kleine Sonnenblumen und Knopf-Chrysantheme 'Statesman')*
- *30 Stiele untergeordnete Blumen, Beeren, Blattwerk (hier: Perückenstrauch-Laub, Rispenhirse, Färberdistel, Hagebuttenzweige, Zierspargel (Asparagus falcatus), gelbgrüner Spindelstrauch)*
- *10 gestielte Blätter für Blattmanschette (hier: Aukube und Bergenie)*
- *Girlande aus goldenem Bouillondraht und 15 Lampions*

Alternative (Bild 2):

- *1 verzweigte weiße Lilie (hier: Lilium speciosum)*
- *40 klein strukturierte weiße Blumen und weiß-grünes Beiwerk (hier: Chrysantheme, Kamille, die asternähnliche Boltonia, Schleierkraut, Knorpelmöhre, Glanzgras, Schneeball, Artemisia)*
- *30 gestielte Blätter für Blattmanschette (hier: Funkie, Kirschlorbeer, Frauenmantel)*
- *zum Überwuseln: Sisalfaser, Schleierblätter an silbernem Perldraht, blühende Ranken vom Schlingknöterich*

1 Locker in Gelb/Orange. Für dieses spätsommerliche Feuerwerk stellen Sie sich etwa 45 Stiele von farblich nahe beieinander liegenden Tönen aus dem Gelb/Orange-Bereich zusammen. Dazu gehören auch warme, gelbliche Grüntöne, die manchmal rot überlaufen sein können. Fangen Sie mit einer kleineren oder spitzeren Blume als Mittelpunkt an und fügen Sie eine Runde Beiwerk hinzu. Dann legen Sie abwechselnd die verschiedenen Blumen- und Grünarten spiralig an, wobei die Gräser und spitzeren Formen immer ein Stück weiter herausragen sollten als die kugeligen und flächigen Blüten. Eine gemischte Blattmanschette bildet den Abschluss in der waagerechten Ebene. Zur geschwungenen Pokalvase passen die herabhängenden Golddrahtgirlanden mit Lampions besonders gut.

2 Locker in Weiß/Grün. Diese ganzjährige, festliche Variante wird mit wenigen sehr großen Blüten (Lilien) einerseits und vielen sehr klein strukturierten Floralien (Schleierkraut, Glanzgras) andererseits gebunden. Zwischen den Blüten des verzweigten Lilienstiels wird alles übrige Material angeordnet. Aufpassen, dass das Anlegen der Stiele um den mittigen Lilienstiel spiralig bleibt! Nach dem Binden und Einstellen (eine klare Glasvase unterstützt die Leichtigkeit der weißen Blumen) können noch Silberdrahtgirlanden mit aufgefädelten Schleierblättern und etwas Sisalfaser über die Straußkuppel gezogen werden.

2

KOMPAKTE ZENTRIERTE KUPPELSTRÄUSSE

Den klassischen Touch erzielen durch dichten symmetrischen Aufbau

Bei diesem Straußtyp ist der Umriss der Kuppel klar zu erkennen, ebenso die zentralsymmetrische Anordnung. Durch die dicht stehenden Blumen- und Beiwerkarten kommt außer der Hauptblume nicht die einzelne Blume zur Geltung, sondern die halbkugelige Straußform an sich steht im Vordergrund. Ihr ordnet sich alles unter. Auch die Hauptblume muss in ihrer Form für die Straußform geeignet sein, also beispielsweise die offene Rose, die zu mehreren eine zentrale Kuppelfläche bildet, oder eine einzelne riesige, kugelige Blüte wie die Artischocke, deren auffällige lila Mitte kreisförmig von Hüllblättern umgeben ist. In beiden Fällen lässt sich die Kreis- bzw. Kuppelform des Zentrums nach außen weiter fortsetzen: mit farblich abgestimmten Blüten, Beeren, Blättern, Ranken.

SIE BRAUCHEN *(Bild 1 + 2):*

- *10 beblätterte Efeuranken*
- *20 angeblühte cremerosa Rosen (hier: 'Metallina')*
- *30 Stiele dunkelrotes Laub (hier: Hortensie in Herbstfärbung)*
- *15 dünne Ranken (hier: Stachelnüsschen mit Laub, Efeu mit Blütendolden), Girlande aus goldenem Wickeldraht und gerollten Rosenblütenblättern*
- *florales Accessoire: 1 Efeublatt, 1 Perle, goldenen Wickeldraht, 1 Stützdraht, Goldpuder, Pinsel*

Alternative (Bild 3):

- *1 Artischockenblüte*
- *15–20 Blumen im Farbbereich Pink-Purpur-Violett (hier: Rosen 'Aqua', Dahlien, Hortensien, Astern, Geranien)*
- *50 Stiele Beiwerk (hier: Schneeballbeeren, Akeleiblätter, Perückenstrauch, Salbei, Artemisia, Oregano)*
- *Kranz: gewundenene dünne Ranken (hier: Hopfen), grünen Stützdraht*
- *Girlande: silbernen Perldraht, 10 blaue Mini-Weintrauben*
- *Blattmanschette: Kirschlorbeer, Bergenie, Perückenstrauch*

1 + 2 Rosenkuppel. Aus Efeuranken winden Sie zunächst einen lockeren Kranz von 30–40 cm Durchmesser. Befestigen Sie mindestens an drei Stellen Steckdrähte, die Sie später als Griff halten können. Binden Sie nun etwa 20 Rosen einer besonderen Sorte zu der inneren Kuppelfläche zusammen. Achten Sie bei dieser Arbeit auf eine gleichmäßige Silhouette.

3

2

Normalerweise ergibt sich diese bereits aus der Form der leicht geöffneten Rosenblüten. Die Rosen zwischenbinden. Den Efeuring von unten um die Rosenkuppel schieben, die Steckdrähte so biegen, dass sie sich den Rosenstielen anpassen. Nun können die restlichen Materialien durch den Rankenkranz gesteckt und darunter spiralig um die Rosenstiele

angelegt werden. Binden. Weitere Ranken und Drahtgirlanden durchziehen und eine Blattmanschette anlegen. Binden. Mit Goldpuder überstäuben und als Accessoire ein Efeublatt, an dessen Stielende eine Perle mit Golddraht aufgewickelt ist, mit einem weiteren Stück Golddraht vorsichtig zwischen die Rosen stecken.

3 Artischockenkuppel. Hier werden nackte Hopfenranken zum Kranz gewunden. Steckdrähte anbringen. Dann zunächst die Artischockenblüte mit ein, zwei dichten Runden Blumen und Beiwerk spiralig umgeben und zwischenbinden. Den Kranz um den halbfertigen Strauß legen, weitere Blüten und Blätter teils durchstecken, teils darunter anlegen. Mit einer Blattmanschette die Halbkugel sauber abschließen. Binden. Zur Betonung der üppigen Form können noch Silberdrahtgirlanden mit am Stiel aufgewickelten Mini-Trauben um den Strauß gewunden werden.

1

KOMPAKTE GRUPPIERTE KUPPELSTRÄUSSE

Spannung schaffen durch versetztes gruppenweises Anordnen

Wurden bisher gleichmäßige Anordnungen der Blumen im Strauß gezeigt, mal aus einer Sorte, mal gemischt im Streumuster, dann sehen Sie jetzt Beispiele für asymmetrisches Zusammenfassen von verschiedenen Blumengruppen. Solche Sträuße wirken oft noch einen Tick spannender, weil man mit dem Verlagern des optischen Gewichts spielen kann. Eine auffällige Farbgruppe auf der einen Ansichtsseite wird durch einen längeren Rankenbogen auf der anderen Seite ausgeglichen; das Auge des Betrachters wandert ständig zwischen beiden hin und her. Außerdem treten die Blumen durch Wiederholung in der Gruppe optisch deutlicher aus der Straußform heraus und gewinnen dadurch an Eigenleben.

SIE BRAUCHEN *(Bild 1):*

- *25 Hauptblumen in Orange und Gelb (hier: 15 Pompon-Dahlien, 10 Rudbeckien 'Goldsturm')*
- *40 klein strukturierte Blumen (hier: rotblaues Köcherblümchen = Cuphea llavea 'Mickey Mouse', Johanniskraut, Fenchel, Frauenmantel)*
- *3 Zitruszweige (hier: Calamondin-Orange)*
- *40 Stiele für Blattmanschette: Bergenie, Aukube, Weigelie, Glanzgras*

Alternative (Bild 2 + 3):

- *Rebenkranz, 30–40 cm Durchmesser*
- *je 7 Tuffs aus Edeltannenspitzen (»Nobilis«) und anderen Koniferen*
- *4 Tuffs aus je 10 roten Weihnachtskügelchen am Draht*
- *4 rote Christbaumkugeln*
- *7 Zierquitten*
- *3 Granatäpfel*
- *2 »Elefantenohren« (Blätter von Kalanchoe beharensis)*
- *2–3 Sukkulenten-Rosetten (hier: Echeveria)*
- *je 15 grüne und rote Beerentuffs (hier: Klebsame und Ilex)*
- *20 kleine Zimtstangen*
- *3 Ilexblätter*
- *16er Steckdrähte, 14er Stützdrähte, Tonkinstäbe, goldenen Wickel- und Bouillondraht*
- *3 Perlennadeln*
- *Blattgold (Schlagmetall), Sprühkleber*

1 Zitruskuppel. Den Anfang macht eine Staudensonnenblume (*Rudbeckia*) mit etwas Beiwerk wie Fencheldolden und panaschiertem Blattwerk. Dazu fügen Sie eine zweite Sonnenblume und wieder kleinteiliges Beiwerk. Dann folgt eine Gruppe von drei Dahlien mit Beiwerk dazwischen. Den Strauß im Uhrzeigersinn drehen. Auf der anderen Seite versetzt ebenfalls eine Dahliengruppe platzieren. In die Lücken mehrere Rudbeckien mit Beiwerk wie Johanniskraut und Köcherblümchen einfügen sowie die ersten Zitruszweige mit Früchten. Diese an einer Seite länger herabhängen lassen, dafür an zwei anderen Stellen gebogenes Gras einbinden. Den Strauß bis in die Waagerechte ausformen. Blättergruppen bilden den Abschluss. Eventuell ein paar dünne *Muehlenbeckia*-Ranken über die Kuppel ziehen.

2

2 + 3 Weihnachtskuppel. Hier muss viel vorbereitet werden: Am Rebenkranz fünf Steckdrähte als Griff befestigen. Einen Granatapfel und drei Ilexblätter vergolden mittels Sprühkleber und Blattgold. Einen Granatapfel halbieren, die ganzen und halbierten sowie die Zierquitten auf Tonkinstäbe spießen. Edeltanne und andere Nadelgehölze zerschneiden und die 8–10 cm kurzen Stücke mit Stützdraht zu Büscheln andrahten. Ebenso alles kurzstielige Beiwerk wie Beerendolden, Blätter sowie die Weihnachtskugeln andrahten. Zimtstangen auf Bouillondraht wickeln. Alles sortieren. Dann die Materialien in Gruppen spiralig anlegen, zwischenbinden, den Kranz als Abschluss unterschieben und nochmal binden. Zimtgirlanden überziehen. Dieser Strauß kann ohne Wasser schön eintrocknen!

3

PRUNKVOLLE BOUQUETS

LANGSTIELIGE STRÄUSSE
Repräsentative Sträuße aus langen Blumen in der Hand binden
GROSSE TROPFENSTRÄUSSE
Durch Staffeln verschieden langer Blumentypen Tiefe erzeugen
ABFLIESSENDE STRÄUSSE
Mit gebogenen Zweigen die Verbindung zum Boden herstellen

Je länger die Stiele, desto größer die Sträuße und desto schwieriger sind sie zu binden. Einmal macht sich das höhere Gewicht bemerkbar – der Arm wird bald lahm und das Drehen wird zum Balanceakt. Zum anderen kann man während des Bindens die Form nicht mehr so gut überschauen (also am besten vor einen großen Spiegel stellen!). Zum Dritten sind die hohen, tropfenförmigen Sträuße sehr anspruchsvoll durch die starke Staffelung der verschiedenen Blütenformen.
Aber auch hier gilt: Übung macht den Meister. Und wenn Sie zum ersten Mal stolz Ihre zwanzig langen Rosen gebunden haben, werden Sie Lust auf mehr »Großartiges« bekommen. Schließlich gibt es noch so viele schöne lange Blumen wie Lilien und Levkojen, Rittersporn und Eisenhut, Gerbera, Löwenmäulchen ... Und das nächste Fest kommt bestimmt!

1

LANGSTIELIGE STRÄUSSE

Repräsentative Sträuße aus langen Blumen frei in der Hand binden

Ab einer gewissen Stiellänge wird der Versuch, einen halbkugeligen Strauß zu binden, zum Scheitern verurteilt sein. Solche Blumen stellt man besser lose in die Vase oder steckt sie auf. Bis etwa 60 cm lange Blumen sind meist die Grenze für einen gebundenen Strauß. Bei einer Halbkugelform haben Sie dann an Blumen und Beiwerk rund 60 bis 70 Stiele in der Hand! Schon das ist nicht für jeden etwas. Also fangen Sie ruhig erstmal mit 20 Blumen plus etwas leichtem Beiwerk an, um ein Gefühl für die ungewohnte Länge und das Gewicht zu bekommen. Der Umriss ist dann trichterförmig, aber mit weit ausladendem Beiwerk lässt sich geschickt mehr optische Breite erzielen. Bei Blumen einer Sorte geht es wohl auch meist um eine bestimmte Anzahl, etwa zum Geburtstag oder zum Jubiläum, oder um den Symbolgehalt der Blume, etwa der Rose. Dann spielt die Form des Straußes ohnehin eine untergeordnete Rolle.

SIE BRAUCHEN *(Bild 1):*

- *20 langstielige, großköpfige rote Rosen (hier: 'Grand Prix', 80 cm)*
- *20 Stiele Zierspargel (hier: Asparagus falcatus, A. setaceus 'Plumosus', A. densiflorus 'Sprengeri')*
- *2–3 große Kalla-Blätter*
- *evtl. Strelitzien-Blatt, goldenen Wickeldraht, rotes Schleifenband*

Alternative (Bild 2 + 3):

- *60 Blumen (40–60 cm) in Rosa/Lila (hier: Iris, Nerinen, Lilien, Rosen, Astilben, Löwenmäulchen)*
- *1 Bund Bärengras*
- *20 Stiele für Blattmanschette (hier: Aralie, Kirschlorbeer, Perückenstrauch)*

1 Lange rote Rosen. Das Putzen der Blumen vor dem Binden ist selbstverständlich. Bei dornigen Stielen sollte man aber besondere Sorgfalt walten lassen. Also: die Stiele der Rosen wie die der Zierspargelarten bis über die Griffstelle hinaus fein säuberlich mit dem Messer »entdornen«, damit sich niemand verletzt, vor allem nicht der oder die Beschenkte! Blumen mit Grün spiralig binden, den fedrigen Plumosus-Spargel verstärkt am Schluss nach außen richten und für die Ansichtsseite zwei, drei Kallablätter mit einbinden.

2 + 3 Großer rosa Strauß. Die vorsortierten Blumen werden spiralig zu einer klassischen großen Halbkugel mit einfacher Blattmanschette gebunden, nur mit Bärengrasgruppen dazwischen, gleichmäßig verteilt und mit wenig Höhenunterschieden der Blüten. Da die Stiele unterhalb der Bindestelle weit abstehen, muss die Vase im unteren Bereich entsprechend breit sein. Die Stiele durch Zusammendrücken der Enden in die eventuell schmalere Öffnung stecken. Der Durchmesser des fertigen Straußes ist an den Gräserspitzen gemessen rund 1 m, das heißt, er braucht viel Raum zur Entfaltung.

Tipp Als Geschenk könnten die langstieligen Sträuße einen schriftlichen Gruß enthalten. Wie wär's mit einem Brief, um einen Rosenstiel in ein festes Blatt und farbiges Schleifenband gerollt und mit Golddraht umwickelt?

3

1

GROSSE TROPFENSTRÄUSSE

Durch Staffeln verschieden langer Blumentypen Tiefe erzeugen

Diese hohen Sträuße gehören zum Anspruchsvollsten, was es an Sträußen zu binden gibt. Also etwas für Fortgeschrittene. Zwar ist das Prinzip des spiraligen Anlegens gleich, jedoch muss man besonderes Augenmerk auf Form und Proportion legen. Der Strauß ist über der Bindestelle drei- bis viermal so lang wie die Stiele darunter und die unteren seitlichen Stiele. Die Blumen dazwischen sind mehr oder weniger stark höhengestaffelt und die Arten entweder gleichmäßig gestreut oder in Gruppen angeordnet. Außerdem sollten die verschiedenen Wuchs- und Blütenformen an den richtigen Stellen platziert werden, zum Beispiel schmal aufstrebende Kerzenblüten nach oben, ausschwingende Zweige niedriger und seitlich, kompakte Blütenformen näher zur Basis. Insgesamt sind also eine Menge Dinge zu beachten, die miteinander kombiniert werden müssen.

SIE BRAUCHEN *(Bild 1):*

- *9 hohe schlanke Formen (hier: Rittersporn, Chinaschilf)*
- *18 mittlere schlanke (hier: Iris, Felberich, Löwenmäulchen) und 6 sparrig verzweigte (hier: Lanzen-Eisenkraut und Schneeball)*
- *12 mittlere bis kurze füllige (hier: Dahlie, Hortensie)*
- *9 Stiele klein strukturiertes Beiwerk (hier: Zierspargel, Weinraute, Calocephalus)*
- *18 Stiele für Blattmanschette (hier: Aralie, Aspidistra, Kirschlorbeer)*

Alternative (Bild 2 + 3):

- *10 hohe schlanke Formen (hier: Federmohn, Akanthus, Chinaschilf, Kapfuchsie, Feuerdorn)*
- *20 mittlere füllige (hier: Gerbera, Dahlie, Rose 'Karussell')*
- *10 kurze füllige (hier: Hortensie, Fette Henne)*
- *15 ausschwingende und abfließende (hier: Weißdorn, Scharlach-Fuchsie, Hagebuttenzweige von Rosa multiflora)*
- *20 Stiele für Blattmanschette (hier: Bergenie in Herbstfärbung, Kirschlorbeer, Perückenstrauch, dunkelrotes Blumenrohr = Canna indica)*

1 Blau-weißer Tropfenstrauß. Auch bei den gestaffelten Tropfensträußen mit der Straußmitte beginnen. Die ersten drei Stiele sind die längsten, hier Rittersporn mit Schilf und Verbene. Diese müssen während des gesamten Bindens im Mittelpunkt bleiben. Die nächsten Stielegruppen, wieder die gleichen, werden rundum eine Blütenlänge nach unten versetzt. Als tief eingebundene Abstandhalter dienen Hortensien und buschiges Beiwerk. Es folgen die Blumen der mittleren Stiellänge, hier Iris und Löwenmäulchen, die auch auf zwei Höhenstufen angeordnet werden. In die mittlere und untere Etage kommen die Dahliengruppen, dann wieder Abstandhalter und nach außen gebogen mittellange Stiele wie Felberich, Löwenmäulchen und einige Zweige sowie zum Abschluss große Blätter.

2 + 3 Roter Tropfenstrauß. Dieser herbstliche Strauß mit Beerenzweigen wird im Prinzip genauso gebunden wie der blauweiße Sommerstrauß. Nur muss man hier darauf achten, dass die gebogenen Stiele in der mittleren bis hohen Ebene alle nach innen gerichtet sind. Durch schwere Zeige kann ein Zwischenbinden erforderlich sein. Die drei fülligen Blütenarten unterscheiden sich leicht in der Form und werden auf entsprechenden Ebenen angeordnet: die schmalen Rosenköpfe über den kugeligen Dahlien und diese über den tellerförmigen Gerbera.

Tipp Ist die Vase an der Öffnung breit, wirkt der Tropfenstrauß eher rustikalschwer, läuft sie schmal zu wie bei einer Schultervase, wirkt der Strauß elegant und leicht.

3

ABFLIESSENDE STRÄUSSE

Mit gebogenen Zweigen die Verbindung zum Boden herstellen

Etwas Besonderes in der Raumdekoration sind Sträuße mit lang abfließenden Linien. Auf ein Podest, in einen Ständer oder eine hohe Bodenvase gestellt, können sich die Zweige und Ranken allseitig in ganzer Länge bis zum Boden entfalten. Reizvoll sind auch Varianten mit nur einseitig abfließenden Ranken, ähnlich wie ein Brautstrauß, oder symmetrisch nach zwei Seiten auslaufende Formen, die auf einem Sideboard, einem langen Buffettisch oder einer Fensterbank eine gute Figur machen. Bei den abfließenden Sträußen ist die Auswahl der Blumen und Zweige nach ihrer Wuchsform von großer Bedeutung; denn entsprechend dem natürlichen Bogen, in dem sie gewachsen sind, werden diese Pflanzenteile auch im Strauß verarbeitet. Das heißt: Augen auf beim Rankenschnitt und Blumenkauf!

SIE BRAUCHEN *(Bild 1):*

- *20 füllige Blumen, Früchte und Blattwerk für die Basis (hier: Fette Henne, Hortensie, Stachelgurke, Apfel, getrocknete Paprikaschoten, Mahonie, kurze Hagebuttenzweige)*
- *25 abfließende Formen (hier: Hängender Fuchsschwanz, Weißdorn-Beerenzweige, verschiedene Hagebuttenzweige)*
- *10 Stiele für Blattmanschette (hier: Bergenie)*
- *Steckdraht, Tonkinstäbe*

Alternative (Bild 2 + 3):

- *25–30 füllige Blumen für die Basis (hier: verschiedene Dahliensorten, Polyantharosen-Büschel, Rispenhortensie, Edelnelke, Geranie, Lisianthius, Bergenie)*
- *10 Stiele Blattwerk (hier: Perückenstrauch, Kirschlorbeer)*
- *abfließende Formen (hier: trockenes Muehlenbeckia-Gerank, blühende Staudenwicken, entblätterte Zaunwinde, Strelitzienblätter)*
- *Accessoires: Nelkenblütenblätter und 15 grüne Perlen, 2 m Zierkordel, Steckdraht, silbernen und roten Wickeldraht, silbernen Perl- und Bouillondraht*

1 Allseitig abfließend. Man sieht es ihr nicht an, aber die eigentliche Kuppel misst nur etwa 30 cm. Die etwa viermal so langen Zweige, die nach unten gerichtet sind, verleihen diesem Strauß seine Ausdruckskraft. Für die Kuppel brauchen Sie genügend »Quetschformen« wie *Sedum*, Hortensien, runde Früchte auf Stäben und verzweigte Mahonie. Den Strauß um eine deutliche Mitte (hier: Apfel) abwechselnd aus den kurzen Materialien und stark nach unten gebogenen Zweigen spiralig binden. Die abfließenden Linien dürfen nicht erst kurz über der Blattmanschette entspringen, dann sähe der Strauß platt aus.

2 + 3 Zweiseitig abfließend. Für den Strauß mit zwei etwas flacher auslaufenden Enden empfiehlt es sich aus Stabilitätsgründen einen in der Mitte verdickten Strang aus *Muehlenbeckia*-Gerank zu formen und mit zwei Steckdrähten als Griff anzudrahten. Der optischen Unterstützung dient je ein gerolltes und mit Draht umwickeltes Strelitzienblatt an jeder Seite. Dann werden kurzes Beiwerk und die fülligen Basisblüten wie Dahlien und Bergenien so weit seitlich, wie es die Biegsamkeit der Stiele erlaubt, durch das Gerank gesteckt und darunter spiralig gebunden. Die Wickenstiele werden mit eingebunden. Ihre langen blühenden Triebe sowie alle anderen Rankenformen, einschließlich Perlengirlanden und Zierkordel, werden locker durch das trockene Gerank gewunden.

3

STRÄUSSE OHNE VASE

SPIRALIGE STEHSTRÄUSSE
Auf Tisch oder Boden stehende Spiralstrauß-Varianten fertigen
PARALLELE STEHSTRÄUSSE
Stöcke und Stiele mit mehreren Bindungen parallel bündeln
ARMSTRAUSS UND ENGLISCHES BOUQUET
Blumen für Legsträuße waagerecht halten, anlegen, binden

Dürfen die Stiele bei »normalen« Sträußen in einer Vase mehr oder weniger verschwinden, weil es da nichts Besonderes zu entdecken gibt, so ist das bei Stehsträußen ganz anders. Stehsträuße sind Sträuße, die ohne Halt durch einen Gefäßrand von selber stehen, zum Beispiel in einer flachen Schale zur Wasseraufnahme oder ganz ohne Gefäß, wenn es sich um Trockenblumen oder zum Eintrocknen gedachte handelt. Damit ist klar, dass den Stielen, die sie tragen, eine größere Aufmerksamkeit zuteil wird. Sie gehören jetzt sichtbar zur Gesamtgestaltung und müssen dementsprechend dekorativ eingesetzt werden. Das kann auf vielfältige Art und Weise geschehen, wie die nachfolgenden Beispiele zeigen.
Auch Sträuße, die gelegt werden, kommen – zumindest vorübergehend – ohne Vase aus, etwa Armsträuße zur Hochzeit, Legsträuße als Grabschmuck oder die englische Art, gestaffelte Blumen im Karton zu verschenken. Steh- und Legsträuße sind übrigens einfacher zu fertigen als es aussieht.

SPIRALIGE STEHSTRÄUSSE

Auf Tisch oder Boden stehende Spiralstrauß-Varianten fertigen

Von den zwei Grundtypen des Stehstraußes ist der eine der spiralig gebundene. Doch die Bindetechnik alleine reicht nicht. Im Prinzip könnte ja jeder gut gebundene, ausgewogene Kuppelstrauß von alleine stehen. Beim spiralig gebundenen Stehstrauß kommt es darauf an, die Stiele gedanklich in die Gestaltung mit einzubeziehen und die Technik, die dies ermöglicht, herauszustellen. Mit zunehmender Länge der Stiele gegenüber dem Straußteil oberhalb der Bindestelle wächst schon die Bedeutung der Stiele. Mit der Betonung durch allerlei Verzierungen kann man ein Übriges tun. Aber auch besonders rustikale Äste können als standfeste Konstruktion für einen Stehstrauß aus wenigen akzentuierenden Blüten in Frage kommen.

1

SIE BRAUCHEN *(Bild 1 + 2):*

- *20 rote Edelnelken*
- *10 große Efeublätter*
- *5 Ranken (hier: Passionsblume, Zaunwinde)*
- *Girlanden aus goldenem Bouillondraht und 30 rötlichen Beeren (hier: Weißdorn, Pfaffenhütchen, Hagebutten)*
- *goldenen Wickeldraht, rotes Satinbändchen*
- *Floralkleber*
- *bei tiefer Schale: Frischsteckschaum, Sand, 2 Hand voll Beeren*

Alternative (Bild 3):

- *3 rustikale Äste (hier: Weißdorn)*
- *2 Solitärblüten (hier: gelbe Kalla)*
- *2 hohe schmale Formen (hier: Federmohn)*
- *2 bizarre Zweige oder Ranken (hier: Baumwürger)*
- *schwarzen Rebdraht*

1 + 2 Stehende Nelken, symmetrisch. Edelnelken eignen sich bestens für spiralige Stehstäuße wegen ihres Verhältnisses von Stiel zu Blüte. Für einen kleinen Stehstrauß reichen 10, für eine etwas üppigere Halb- bis Dreiviertelkugel 20 Nelken. Zunächst werden die Stiele abschnittsweise mit farblich passendem Dekodraht oder Satinbändchen umwickelt. Enden mit Floralkleber befestigen. Dann die Beeren auf Draht fädeln. Die Nelken dicht unter dem Kopf fassen, spiralig anlegen und mit den Passionsblumenranken zusammenbinden. Die Bindestelle mit Band betonen. Entblätterte Zaunwindenranken und die Drahtgirlanden mit Beeren locker kranzartig um die Kuppel winden. Stiele gerade schneiden und in eine Schale stellen.

3 Stehende Äste, asymmetrisch. Drei wuchtige Äste je nach Größe auf Tisch oder Boden zeltartig gegeneinander lehnen und mit Rebdraht zusammenbinden. Eine oder zwei ausdrucksvolle Blüten wie Kalla hinzufügen, sodass die Stielenden aufstoßen. Dann die aufrechten Formen (Federmohn) und zum Schluss die ausschwingenden Ranken (Baumwürger) dazustellen. Jedesmal zwischenbinden ist sicherer und einfacher zu handhaben. Außer den Kalla könnten alle Stiele auch trocken stehen. Ohne Wasserschale sollten die Kalla in Wasserröhrchen stehen.

Tipp Viele langstielige Blumen kommen mit 5 cm Wasser in einer Schale aus und eignen sich damit für Stehsträuße. Rosen allerdings gehören nicht dazu. Sie wollen tief im Wasser stehen.

2

PARALLELE STEHSTRÄUSSE

Stöcke und Stiele mit mehreren Bindungen parallel bündeln

Hier kommen wir zu Straußobjekten, die nicht ohne weiteres als Sträuße zu erkennen sind. Senkrechte Rohrstiele mit einzelnen Blüten und Blättern parallel gebunden – das ist nicht gerade das typische Bild eines Straußes. Eher schon das eines Riesenbündels. Nichtsdestoweniger sind parallele Stehsträuße interessante Werkstücke für große Räume und dabei viel einfacher zu fertigen, als ihr imposantes Erscheinungsbild es vermuten lässt. Sie sind relativ leicht an Gewicht, wenn man hohle Stiele wie die des Staudenknöterichs verwendet, und sie sind, in Papier gerollt, auch einfach zu transportieren. In der Gestaltung können Sie generell zwischen asymmetrisch aufgebauten Konstruktionen mit minimalem (asiatisch anmutendem) Blumenakzent und symmetrischen, sich allseits entfaltenden Formen wählen. Keine Frage, beides hat seinen Reiz.

1

etwa 3:5:8 entsprechen. Die drei Bündel senkrecht stehend mit einem Riesentang zusammenfügen und an mindestens zwei Stellen mit Rebdraht binden. In den verbleibenden Zwischenräumen finden einige eingesteckte dünne Stiele von Seerose, Hechtkraut und Lotos Platz. In eine wassergefüllte Schale stellen und kleine Schwimmpflanzen hineingeben.

3 Parallelstrauß Gräser. Alle Stängelstücke in einen niedrigen geradwandigen Übertopf stellen. Die Enden sollten weit genug herausschauen, damit sie leicht zusammengebunden werden können. Dann umdrehen und eine zweite Bindung am anderen Ende vornehmen. Die Enden des Rebdrahts fest (am besten mit einer Zange) verzwirbeln und die Bindestellen mit gelbem Band abdecken. In die Zwischenräume der Stängel in symmetrischem Aufbau die gelben *Craspedia* sowie einzeln Bärengras und Steelgrass stecken. Aus Tonpapier Dreiecke ausschneiden und mit Floralkleber auf die Spitzen der Gräser kleben. Der Strauß kann auch ohne Wasser stehen und eintrocknen.

SIE BRAUCHEN *(Bild 1 + 2):*
- *dicke gerade Stiele (hier: Staudenknöterich), 8–10 lange, 3–5 mittlere, 8–10 kurze Stücke*
- *3 Seerosen, 7 Hechtkrautstiele, 2 Lotoskapseln*
- *1 getrockneten Riesentang (Kelp)*
- *schwarzen Rebdraht*
- *2 Hand voll Schwimmpflanzen (hier: Wassersalat, Schwimmfarn)*
- *große Wasserschale*

Alternative (Bild 3):
- *25–30 Stielstücke (hier: Staudenknöterich) à 30 cm Länge*
- *20 »Trommelstöcke« (= Craspedia globosa)*
- *1 Bund Bärengras*
- *10 »Steelgrass«*
- *Wickeldraht, 1 m gelbes Band*
- *3 DIN A4-Bögen Tonpapier (rot, gelb, blau), Floralkleber*

1 + 2 Parallelstrauß Wasserpflanzen. Aus den Knöterich-Stängelabschnitten mit Rebdraht drei unterschiedlich hohe Bündel wickeln. Die Proportion sollte gemäß dem Goldenen Schnitt in

Tipp Der japanische Staudenknöterich sieht auf den ersten Blick ähnlich aus wie Bambus oder Bärenklau. Alle drei Materialien sind hier verwendbar.

2

ARMSTRAUSS UND ENGLISCHES BOUQUET

Blumen für Legsträuße waagerecht halten, anlegen, binden

Sträuße, die über dem Arm getragen werden, zum Beispiel von einer Braut oder einer Schauspielerin, müssen naturgemäß anders geformt sein als solche, die aufrecht in der Vase stehen. Schräg gestaffelt und leicht bogig überhängend sollen sie sein, aber dennoch spiralig gebunden. Dass das geht, finden Sie am besten durch Ausprobieren heraus. Mit Beiwerk geht es übrigens leichter als ohne, aber beides ist schön.
Wenn man Blumen verschenken möchte, die der Empfänger selbst in einer Vase arrangieren will, dann rollt man sie trotzdem nicht bloß in Zeitungspapier ein. Eine äußerst elegante Art ist das Englische Bouquet. Hier werden entweder eine bestimmte Anzahl (ein Dutzend) Blumen oder symbolisch gemeinte (rote Rosen) oder besonders kostbare (Orchideen) oder die Lieblingsblumen der beschenkten Person berücksichtigt. Liegend gestaffelt, sieht man alle Blumen auf den ersten Blick. Mit Prachtschleife und im mit Seidenpapier ausgeschlagenen Blisterkarton kann sich diese Gabe allemal sehen lassen.

SIE BRAUCHEN *(Bild 1 + 2):*

- *20 Edelnelken*
- *4 m Zierkordel*

Alternative (Bild 3):

- *6–7 lange schmale Formen (hier: Rittersporn)*
- *20 mittlere schmale Formen (hier: Löwenmäulchen, Astilbe)*
- *20 mittlere bis kurze füllige Formen (hier: Rose 'Helio', Dahlie)*
- *2–3 Stielchen Grün (hier: Weinraute)*
- *3–4 lange Blätter zum Unterlegen (hier: Schusterpalme), 3 breite Blätter für den Abschluss (hier: Aralie)*
- *2 m Moiré-Schleifenband 15 cm breit, 3 m Drahtkantenband 6 cm breit, Stützdraht*
- *Karton, Seidenpapier*

1 + 2 Nelkenarmstrauß. Nelken pur. Sieht schlicht aus, hat's aber in sich. Die kleinköpfigen Edelnelken werden wegen der speziellen Straußform zweckmäßigerweise »von hinten nach vorne« gebunden, von lang nach kurz. Sie können die Stiele entweder aufrecht in der Hand halten oder auf der Tischplatte aufliegen lassen. Wichtig ist eine exakte Abstufung der Blüten und sauberes spiraliges Anlegen. Die leicht gewölbte Form ist auch ohne Grün möglich und zwar durch geschicktes Positionieren der Nodien (Knoten des Nelkenstiels) oberhalb der Bindestelle. Um die Bindestelle wird großzügig glänzende Zierkordel in mehreren Strängen geschlungen und verknotet.

3 Bouquet im Karton. Legen Sie lange Blätter als Unterlage auf den Tisch. Halten Sie die Stielenden spiralig in der Hand. Dann legen Sie versetzt, etwas länger als die Blätter, drei Ritterspornstiele darauf. Es folgen seitlich und darauf Gruppen von Astilben, Löwenmäulchen, Rosen und Dahlien, in dieser Reihenfolge von spitzen bis zu runden Blütenformen. Mit den Aralienblättern abschließen. Die Anordnung folgt einem dreieckigen Gesamtumriss. Zusammenbinden, Stiele gleich schneiden und die Bindestelle mit einer dicken angedrahteten Schleife bedecken. Schmaleres Band könnte man auch direkt um die Stiele zur Schleife binden. In einen neutralen oder farblich passend gestalteten Karton betten.

2

FORMENREICH GERÜSTET

GESTÜTZTE EINZELBLÜTEN
Kleinen und großen Blüten mit wenigen Zweigen Halt geben

FLACHE TELLERSTRÄUSSE
Runde Scheibe oder Herzmanschette als formgebendes Gerüst verwenden

FÄCHER- UND SCHIRM-STRAUSS
Mit filigranen Zweiggestellen transparente Straußobjekte konstruieren

Streng genommen sind alle Manschetten, ob Pappscheibe, verschlungene Ranken oder ein fertiger Kranz, auch schon Gerüste. Ja, sogar stützende Äste oder Zweiggewirr als Abstandhalter im Strauß haben Gerüstcharakter. Es gibt also Überschneidungen. Diese Gerüste stützen jedoch nicht nur, sondern sind ein Teil der Gestaltung. In diesem Kapitel werden einige der vielen formalen Möglichkeiten vorgestellt, die solche Konstruktionen eröffnen. Das Wesentliche besteht darin, dass die Technik tatsächlich eine stützende Funktion haben muss, ohne die der Strauß nicht machbar wäre. Gleichzeitig aber muss das Gerüst mit den Blumen harmonieren und so interessant gestaltet sein, dass es ein wichtiger optischer Bestandteil des Ganzen ist. Hier tut sich ein weites Feld für experimentierfreudige Blumenfans auf.

1

GESTÜTZTE EINZELBLÜTEN

Kleine und große Blüten mit wenigen Zweigen zum Halten bringen

Wer kennt das nicht: Da hat das Blumengeschäft wieder diese tollen Exotenblüten, aber zu Hause passen sie in keine Vase oder sehen allein gar nicht mehr so toll aus. Oder ein anderer Fall: Wie gerne würde man ein, zwei dieser zarten Clematis- oder Geißblattblüten aus dem Garten auch mal in der Vase drapieren, wenn man nur wüsste, wie sie richtig zur Geltung gebracht werden können! Bevor Sie sich solche Chancen entgehen lassen, lesen Sie lieber die nächste Seite. Dann haben Sie das Startkapital für viele weitere kreative Ideen, um Einzelblumen mit Gerüst wirkungsvoll in Szene zu setzen.

SIE BRAUCHEN *(Bild 1):*

- *1–3 Blüten von Blütenranken (hier: Geißblatt)*
- *wenig Beiwerk (hier: 2 Geißblatt-Fruchtstände, 1 Kiwi-Triebspitze)*
- *Gerüst: zum Kränzchen gewundene Ranken (hier: Zaunwinde, Kiwi)*
- *Rebdraht natur*
- *Blumenwasserfarbe*

Alternative (Bild 2 + 3):

- *1 große Exotenblüte (hier: Banane)*
- *wenig Beiwerk (hier: 2 Hahnenkamm-Celosien, 1 Zierspargel (A. falcatus), 1 Tuff Australische Birne)*
- *Gerüst: 15 Stiele Schachtelhalm, 16er Steckdraht, schwarzen Rebdraht, 1 getrockneten Agavenring*

1 Kleine Geißblattblüten. Winden Sie aus festeren Ranken wie Kiwi und weicheren Ranken wie Zaunwinde ein kleines Kränzchen. Geeignetes Rankenmaterial findet sich immer irgendwo im Garten oder beim Spaziergang im Grünen. An mehreren Stellen mit Rebdraht fixieren. Drei Geißblatt-Blüten und -Fruchtstände sowie einen Kiwirankentrieb nacheinander so durch das Kränzchen ziehen, dass alle genügend Luft um sich haben. Unterhalb des Kränzchens die Stiele spiralig binden. Der kleine Strauß kann gut in einer großen Glasvase stehen, entweder auf den Rand geklemmt oder ganz hinter Glas. Witzig dazu: gefärbtes Wasser.

2 + 3 Große Bananenblüte. In die hohlen Schäfte des Schachtelhalms langen Steckdraht schieben. Die 15 Stiele als Bündel fassen und zwischenbinden. Die mittleren drei stehen lassen, die anderen zu Dreiecksformen knicken und mit schwarzem Rebdraht fixieren. Die Bananenblüte und den Zierspargel lang fassen, die Celosien und die Australischen Holzbirnen (zur Verlagerung des Schwerpunktes nach unten) kurz dazubinden. Die Stiele durch den Agavenring stecken (wie durch einen Serviettenring), eventuell noch ein paar längere Stielstücke, zum Beispiel von Hortensien, von unten hineinstecken, dann den Ring in der Vasenöffnung festklemmen.

Tipp Lassen Sie beim »Gerüstbau« Ihre Fantasie spielen. Achten Sie aber darauf, dass die Formensprache harmonisch ist: runde Ranken zu runden Blüten und runder Vase; dreieckige Blüten zu dreieckigen Knickformen und konischer Vase.

3

FLACHE TELLERSTRÄUSSE

Runde Scheibe oder Herzmanschette als formgebendes Gerüst verwenden

Sie können mit etwas Geschick aus Draht und Fasern eine flache Manschette selber herstellen. Andererseits gibt es mittlerweile vorgefertigte Gerüstformen in allen nur denkbaren Materialien, Strukturen, Farben. Allein bei den flachen, tellerartigen Manschetten reicht die Auswahl von runden, ovalen, rauten-, stern- und herzförmigen Umrissen über hauchdünne Scheiben und dick gepolsterte Kissen bis hin zu dichten, feinen Faser- und groblöcherigen Trockenranken-Strukturen. Es gibt sie in gebleichtem, naturhellem, dunkelbraunem oder bunt eingefärbtem Material. Beschäftigen wir uns also doch lieber mit den Möglichkeiten, wie diese nützlichen Hilfskonstrukte ihre schönste Verwendung finden.

Tipp Besorgen Sie sich beim Floristen verschiedene Tellergerüste. So haben Sie auch mit wenigen Blumen schnell Blumengeschenke gefertigt, wenn's mal brennt.

SIE BRAUCHEN *(Bild 1 + 2):*

- *Gerüst: lockere Tellermanschette (hier: Sisalfaser)*
- *3 Hauptblumen (hier: Rose 'Renate')*
- *15 Stück Beiwerk (hier: Nelken, Kapstachelbeeren-Lampions, Stechapfelfrüchte, Fette Henne, Sarracenia, Lotoskapsel, Rispenhortensie, Sisalfaser, Heuchera-Blätter, Hebe)*
- *Florales Accessoire: 2 »Steelgrass«, Kupferwickeldraht*

Alternative (Bild 3):

- *Gerüst: lockere Formmanschette (hier: Herz aus rotem Sisal)*
- *1 Hauptblume (hier: rote Rose)*
- *20 Stück Beiwerk (hier: je 2–3 Scharlach-Fuchsien, anemonenblütige Dahlien, Himbeeren-Tuffs, Zieräpfel, Skimmia-Blüten und -Blätter, Lavendelblüten, Weinraute, Zierspargel = A. asparagoides)*
- *Blattgold, Sprühkleber*

1 + 2 Weiße Scheibe. Die Technik ist einfach: Alle Blumen, Blätter und Fruchtstiele werden so weit durch die Faserfläche gesteckt, dass die Materialien dicht auf dem Teller aufliegen. Die Stiele darunter werden spiralig gebunden. Für eine harmonische Gestaltung müssen Materialkomposition und Manschette farblich aufeinander abgestimmt sein. Wiederholungen sind wichtig. So greifen die cremefarbenen Rosen den hellen Ton der Manschette auf und gebleichte Sisalfaser sogar das Material selbst. Zur flachen Form passt ein flaches Accessoire. Dafür Steelgrass mit Kupferdraht umwickeln, mit dem Drahtende einstecken und auf die Grasspitzen grüne Lampions aufspießen.

3 Rotes Herz. Das ist ein Geschenk für einen ganz lieben Menschen. Deshalb darf auch eine rote Rose im Mittelpunkt der Herzform stecken. Und da Rot am besten neben Grün zur Geltung kommt, finden sich keine anderen starken Farbmengen. Gelb sind nur die Staubgefäße der Dahlie, blauviolett zwei Lavendelblüten und blattvergoldet glänzt ein Zieräpfelchen. Die Technik ist die gleiche wie bei dem Scheibenstrauß.

3

FÄCHER- UND SCHIRMSTRAUSS

Mit filigranen Zweiggestellen transparente Straußobjekte konstruieren

Zwei Formen, die man als feingliedriges Gerüst konstruieren kann und die gleichzeitig der typischen, nach oben ausgebreiteten Straußform nahestehen, sind Fächer und Schirm. Beide Gerüste können aus Trockenmaterial zeitlich unabhängig vorgefertigt und bei Bedarf rasch mit frischen Blumen ergänzt werden. Das ist der eine Vorteil. Der andere ist, dass mit extrem wenig Material extrem viel Wirkung erreicht wird. Während der schmale Fächer sich nur in einer Ebene ausdehnt und sich somit für die Platzierung vor dem Fenster oder der Wand eignet, ist der Schirm voluminös, rundum raumgreifend und braucht deswegen unbedingt eine exponierte Stelle, wo ihm keiner so schnell zu nahe kommen kann. Auch wenn es etwas fragile Objekte sind, bei der nächsten Einladung zu Hochzeit, Jubiläum oder Geburtstagsfeier sind sie bestimmt echte Hingucker.

SIE BRAUCHEN *(Bild 1 + 2):*

- *Gerüst: 25 gebleichte »Mikado-Stäbe«, Muehlenbeckia-Gerank, Wickeldraht*
- *6–7 Rankenformen (hier: Glockenrebe mit Blüte und Frucht, weißgrüner Efeu, Sisalfaser, Girlanden aus silbernem Bouillondraht und Silberlingen = Lunaria)*
- *20 mittellange Stiele (hier: Rose 'Renate', Felberich, weiße Fuchsie, Schneebeere)*
- *5 lose Früchte (hier: Zierquitte)*
- *1 m Drahtkantenband, 6 cm breit*
- *bei weiter Vase: Frischsteckschaum, Sand, Schneckenhäuser oder Steine*

Alternative (Bild 3):

- *Gerüst: 40–50 gebleichte »Mikado-Stäbe«, Silberwickeldraht, evtl. Steckdraht oder Maschendraht*
- *klein strukturierte Blüten- und Fruchtstände (hier: 1 Sternkugel-Lauch, 1 Agapanthus-Fruchtstand, je 3 Tellerhortensien und Lanzen-Eisenkraut)*
- *verschiedene Rankenformen (hier: Sisalfaser, Passionsblumenranken, Girlanden aus silbernem Bouillondraht und 10 »Eselsohren«, 10 Mini-Weintrauben, 5 Tellerhortensien-Einzelblüten, 3 Blauregen-Fruchtstände)*
- *1 m Drahtkantenband, 6 cm breit*
- *Silberfarbspray*

1 + 2 Fächerform. Das Grundgerüst aus einem bogenförmigen Strang *Muehlenbeckia*-Gerank und fächerartig durchgesteckten Mikado-Stäben formen. Mit Drahtstückchen jeden Stab fixieren. Die unteren Enden zusammenbinden und als Strauß fassen. Langstielige Blumen, Beeren und Ranken von oben durch den Bogen stecken und unten spiralig dazubinden. Ranken und Drahtgirlanden mit aufgefädelten Silberlingen durchschlingen. Auf die überstehenden Stäbe Früchte wie Zierquitten aufspießen. Die Bindestelle breit mit Drahkantenband umwickeln und in ein Gefäß mit Sand stecken oder in ein schmales Gefäß einklemmen.

3 Schirmform. Das Schirmdach entweder aus einigen verzwirbelten Steckdrähten oder aus Maschendraht fertigen oder zwei übereinander liegende Mikado-Dreiecke zum sechseckigen Stern formen. Als Griff 6 x 2 Stäbe mit Silberdraht binden. Die Griffstäbe etwa auf halbem Radius am Dach befestigen, sodass ihre Spitzen oben 5 cm herausragen. Griff binden. Von oben in der Mitte den Sternkugel-Lauch, dann den Fruchtstand des *Agapanthus*, vergrünte Tellerhortensien, *Passiflora*-Ranken und lange Verbenenstiele stecken, Stiele binden und mit Drahtkantenband breit abwickeln. Über die Schirmwölbung viele Bouillondraht-Fädelungen ziehen und über den Rand hinabhängen lassen. Weitere Mikado-Stücke kreuz und quer in das Schirmdach stecken.

2

PFLANZENNAMEN

Deutsch	**Botanisch**
Agapanthus, Schmucklilie	*Agapanthus praecox*
Agave	*Agave*
Akanthus	*Acanthus spinosus*
Akelei	*Aquilegia vulgaris*
Anemone, Kronen-Anemone	*Anemone coronaria*
Apfel	*Malus domestica*
Aralie, Angelikabaum	*Aralia elata*
Artischocke	*Cynara cardunculus*
Aster, Glattblattaster	*Aster novi-belgii*
Aster, Raublattaster	*Aster novae-angliae*
Astilbe	*Astilbe* × *arendsii*
Aukube, Goldorange	*Aucuba japonica*
Australische Holzbirne	*Xylomelum pyriforme*
Bambus	*Bambusa, Fargesia* etc.
Banane, Zierbanane	*Musa*
Bärengras	*Xerophyllum asphodeloides*
Bärenklau, Herkulesstaude	*Heracleum mantegazzianum*
Baumwürger	*Celastrus orbiculatus*
Beifuß, Eberraute	*Artemisia*
Bergenie	*Bergenia cordifolia*
Blaues Gänseblümchen	*Brachyscome multifida*
Blauregen, Glyzine	*Wisteria sinensis*
Blumenrohr, Canna	*Canna indica*
Boltonie	*Boltonia asteroides*
Calocephalus	*Leucophyta brownii*
Chinaschilf	*Miscanthus sinensis*
Chrysantheme, Garten-Chrysantheme	*Dendranthema* × *grandiflorum*
Dahlie, Garten-Dahlie	*Dahlia pinnata*
Echeverie	*Echeveria*
Edeltanne (»Nobilis«)	*Abies procera*
Efeu	*Hedera helix*
Eisenhut	*Aconitum napellus*
Eisenkraut, Verbene	*Verbena*
Elefantenohren	*Kalanchoe beharensis*
»Eselsohren«, Wollziest	*Stachys byzantina*
Färberdistel, Saflor	*Carthamus tinctorius*
Federmohn	*Macleya cordata*
Felberich	*Lysimachia clethroides*
Fenchel	*Foeniculum vulgare*
Fette Henne, Sedum	*Sedum spectabile*
Feuerdorn	*Pyracantha coccinea*
Flammenblume, Stauden-Phlox	*Phlox paniculata*

Deutsch	**Botanisch**
Frauenmantel	*Alchemilla mollis*
Fuchsschwanz	*Amaranthus caudatus*
Funkie	*Hosta*
Geißblatt, Heckenkirsche	*Lonicera caprifolium*
Geranie, Pelargonie	*Pelargonium zonale*
Gerbera	*Gerbera jamesonii*
Ginkgo	*Ginkgo biloba*
Glanzgras, Rohrglanzgras	*Phalaris arundinacea* 'Picta'
Glockenrebe	*Cobaea scandens*
Granatapfel	*Punica granatum*
Hagebutte	*Rosa* (Frucht)
Hahnenkamm-Celosie	*Celosia argentea* var. *cristata*
Hauswurz, Dachwurz	*Sempervivum tectorum*
Hechtkraut	*Pontederia cordata*
Heide, Glockenheide, Erika	*Erica*
Heide, Topf-Erika	*Erica gracilis*
Heidekraut, Besenheide	*Calluna vulgaris*
Heidelbeere, Blaubeere	*Vaccinium myrtillus*
Heiligenkraut (grau)	*Santolina chamaecyparissus*
Himbeere	*Rubus*
Hirse, Rispenhirse	*Panicum*
Hopfen	*Humulus lupulus*
Hortensie, Gartenhortensie	*Hydrangea macrophylla*
Hortensie, Rispenhortensie	*Hydrangea paniculata*
Hortensie, Tellerhortensie	*Hydrangea serrata*
Iris, Holländische	*Iris* × *hollandica*
Johanniskraut	*Hypericum calycinum*
Kalla (gelb)	*Zantedeschia elliotinana*
Kamille, Echte Kamille	*Matricaria recutita* (syn. *M.chamomilla*)
Kamille, Geruchlose Kamille	*Tripleurospermum maritimum* (syn. *Matricaria*)
Kamille, Hundskamille	*Anthemis arvensis*
Kapfuchsie	*Phygelius capensis*
Kapstachelbeere	*Physalis peruviana*
Kapuzinerkresse	*Tropaeolum majus*
Katzenminze, Blauminze	*Nepeta* × *faassenii*
Kirschlorbeer, Lorbeerkirsche	*Prunus laurocerasus*
Kiwi	*Actinidia deliciosa*

PFLANZENNAMEN

Deutsch	Botanisch
Klebsame	*Pittosporum*
Knorpelmöhre	*Ammi majus*
Köcherblümchen (blau-rot)	*Cuphea llavea 'Mickey Mouse'*
Lampionblume, Judenkirsche	*Physalis alkekengi* var. *franchetii*
Lanzen-Eisenkraut	*Verbena hastata*
Lavendel	*Lavandula angustifolia*
Levkoje	*Matthiola incana*
Lilie, Prachtlilie	*Lilium speciosum*
Lisianthus, Schönkelch	*Eustoma grandiflorum*
Lotos	*Nelumbo nucifera*
Löwenmäulchen	*Antirrhinum majus*
Mahonie	*Mahonia aquifolium*
»Mikado-Stäbe«	*Tetraria thermalis*
»Mimose« (gelb)	*Acacia dealbata*
Mimose (rosa)	*Mimosa pudica*
Mühlenbeckie	*Muehlenbeckia axillaris*
Narzisse	*Narcissus*
Nelke, Edelnelke, Spraynelke	*Dianthus caryophyllus*
Nerine	*Nerine bowdenii*
Orangenbäumchen, Calamondin	× *Citrofortunella microcarpa*
Orangenbäumchen, Ovale Kumquat	*Fortunella margarita*
Orangenbäumchen, Runde Kumquat	*Fortunella japonica*
Oregano, Dost	*Origanum vulgare*
Paprika	*Capsicum annuum*
Passionsblume	*Passiflora caerulea*
Perückenstrauch	*Cotinus coggygria*
Pfaffenhütchen	*Euonymus europaeus*
Purpurglöckchen	*Heuchera micrantha*
Riesentang, Kelp	*Laminaria cloustonii*
Rittersporn	*Delphinium*
Rose, Edelrose	*Rosa*
Rose, Kartoffelrose	*Rosa rugosa*
Rose, Vielblütige Rose	*Rosa multiflora*
Salbei	*Salvia officinalis*
Schachtelhalm	*Equisetum hyemale*
Scharlach-Fuchsie	*Fuchsia magellanica*
Schlauchpflanze	*Sarracenia purpurea*
Schleierkraut	*Gypsophila paniculata*
Schlingknöterich	*Fallopia baldschuanica (syn. F. aubertii)*
Schneeball, Lorbeer-Schneeball	*Viburnum tinus*
Schneebeere	*Symphoricarpos albus*
Schusterpalme	*Aspidistra elatior*
Schwimmfarn	*Salvinia auriculata*
Seerose (blau)	*Nymphaea capensis*
Silberling, Silberblatt	*Lunaria annua*
Sisal	*Agave sisalana*
Skimmie	*Skimmia japonica*
Sonnenblume (einjährige)	*Helianthus annuus*
Spindelstrauch	*Euonymus japonicus, E. fortunei*
Stachelgurke, Igelgurke	*Cucumis dipsaceus*
Stachelnüsschen	*Acaena caesiiglauca*
Staudenknöterich	*Fallopia japonica* (syn. *Reynoutria*)
Staudensonnenblume	*Rudbeckia fulgida 'Goldsturm'*
Stechapfel, Engelstrompete	*Brugmansia*
Stechpalme, Ilex	*Ilex aquifolium, I. verticillata*
»Steelgrass«, Grasbaum	*Xanthorrhoea australis*
Sternkugel-Lauch	*Allium christophii*
Strauchveronika, Hebe (graugün, kleinblättrig)	*Hebe glaucophylla*
Strelitzie	*Strelitzia regina*
»Trommelstöcke«	*Craspedia globosa*
Tulpe	*Tulipa*
Waldrebe	*Clematis*
Wassersalat	*Pistia stratiotes*
Weidenkätzchen	*Salix caprea*
Weigelie	*Weigela*
Weinraute	*Ruta graveolens*
Weintraube	*Vitis vinifera*
Weißdorn	*Crataegus monogyna*
Wicke, Staudenwicke	*Lathyrus latifolius*
Zaunwinde	*Calystegia sepium*
Zierapfel	*Malus sieboldii*
Zierquitte	*Chaenomeles japonica*
Zierspargel (fedrig)	*Asparagus setaceus*
Zierspargel (jasminartig)	*Asparagus asparagoides*
Zierspargel (nadelig)	*Asparagus densiflorus 'Sprengeri'*
Zierspargel (quirlig)	*Asparagus myriocladus*
Zierspargel (sichelblättrig)	*Asparagus falcatus*
Zimt	*Cinnamomum aromaticum*

PFLANZENNAMEN

Botanisch	Deutsch
Abies procera	Edeltanne (»Nobilis«)
Acacia dealbata	»Mimose« (gelb)
Acaena caesiiglauca	Stachelnüsschen
Acanthus spinosus	Akanthus
Aconitum napellus	Eisenhut
Actinidia deliciosa	Kiwi
Agapanthus praecox	Agapanthus, Schmucklilie
Agave	Agave
Agave sisalana	Sisal
Alchemilla mollis	Frauenmantel
Allium christophii	Sternkugel-Lauch
Amaranthus caudatus	Fuchsschwanz
Ammi majus	Knorpelmöhre
Anemone coronaria	Anemone, Kronen-Anemone
Anthemis arvensis	Kamille, Hundskamille
Antirrhinum majus	Löwenmäulchen
Aquilegia vulgaris	Akelei
Aralia elata	Aralie, Angelikabaum
Artemisia	Beifuß, Eberraute
Asparagus asparagoides	Zierspargel (jasminartig)
Asparagus densiflorus 'Sprengeri'	Zierspargel (nadelig)
Asparagus falcatus	Zierspargel (sichelblättrig)
Asparagus myriocladus	Zierspargel (quirlig)
Asparagus setaceus	Zierspargel (fedrig)
Aspidistra elatior	Schusterpalme
Aster novae-angliae	Aster, Raublattaster
Aster novi-belgii	Aster, Glattblattaster
Astilbe × *arendsii*	Astilbe
Aucuba japonica	Aukube, Goldorange
Bambusa, Fargesia etc.	Bambus
Bergenia cordifolia	Bergenie
Boltonia asteroides	Boltonie
Brachyscome multifida	Blaues Gänseblümchen
Brugmansia	Stechapfel, Engelstrompete
Calluna vulgaris	Heidekraut, Besenheide
Calystegia sepium	Zaunwinde
Canna indica	Blumenrohr, Canna
Capsicum annuum	Paprika
Carthamus tinctorius	Färberdistel, Saflor
Celastrus orbiculatus	Baumwürger
Celosia argentea var. *cristata*	Hahnenkamm-Celosie
Chaenomeles japonica	Zierquitte
Cinnamomum aromaticum	Zimt
× *Citrofortunella microcarpa*	Orangenbäumchen, Calamondin
Clematis	Waldrebe
Cobaea scandens	Glockenrebe
Cotinus coggygria	Perückenstrauch
Craspedia globosa	»Trommelstöcke«
Crataegus monogyna	Weißdorn
Cucumis dipsaceus	Stachelgurke, Igelgurke
Cuphea llavea 'Mickey Mouse'	Köcherblümchen (blau-rot)
Cynara cardunculus	Artischocke
Dahlia pinnata	Dahlie, Garten-Dahlie
Delphinium	Rittersporn
Dendranthema × *grandiflorum*	Chrysantheme, Garten-Chrysantheme
Dianthus caryophyllus	Nelke, Edelnelke, Spraynelke
Echeveria	Echeverie
Equisetum hyemale	Schachtelhalm
Erica	Heide, Glockenheide, Erika
Erica gracilis	Heide, Topf-Erika
Euonymus europaeus	Pfaffenhütchen
Euonymus japonicus, E. fortunei	Spindelstrauch
Eustoma grandiflorum	Lisianthus, Schönkelch
Fallopia baldschuanica (syn. *F. aubertii*)	Schlingknöterich
Fallopia japonica (syn. *Reynoutria*)	Staudenknöterich
Foeniculum vulgare	Fenchel
Fortunella japonica	Orangenbäumchen, Runde Kumquat
Fortunella margarita	Orangenbäumchen, Ovale Kumquat
Fuchsia magellanica	Scharlach-Fuchsie
Gerbera jamesonii	Gerbera
Ginkgo biloba	Ginkgo
Gypsophila paniculata	Schleierkraut
Hebe glaucophylla	Strauchveronika , Hebe (graugün, kleinblättrig)
Hedera helix	Efeu
Helianthus annuus	Sonnenblume (einjährige)
Heracleum mantegazzianum	Bärenklau, Herkules staude
Heuchera micrantha	Purpurglöckchen
Hosta	Funkie

PFLANZENNAMEN

Botanisch	**Deutsch**
Humulus lupulus	Hopfen
Hydrangea macrophylla	Gartenhortensie
Hydrangea paniculata	Rispenhortensie
Hydrangea serrata	Tellerhortensie
Hypericum calycinum	Johanniskraut
Ilex aquifolium, I. verticillata	Stechpalme, Ilex
Iris × hollandica	Iris, Holländische
Kalanchoe beharensis	Elefantenohren
Laminaria cloustonii	Riesentang, Kelp
Lathyrus latifolius	Wicke, Staudenwicke
Lavandula angustifolia	Lavendel
Leucophyta brownii	Calocephalus
Lilium speciosum	Lilie, Prachtlilie
Lonicera caprifolium,	Geißblatt, Heckenkirsche
Lunaria annua	Silberling, Silberblatt
Lysimachia clethroides	Felberich
Macleya cordata	Federmohn
Mahonia aquifolium	Mahonie
Malus domestica	Apfel
Malus sieboldii	Zierapfel
Matricaria recutita (syn. *M.chamomilla*)	Kamille, Echte Kamille
Matthiola incana	Levkoje
Mimosa pudica	Mimose (rosa)
Miscanthus sinensis	Chinaschilf
Muehlenbeckia axillaris	Mühlenbeckie
Musa	Banane, Zierbanane
Narcissus	Narzisse
Nelumbo nucifera	Lotos
Nepeta × faassenii	Katzenminze, Blauminze
Nerine bowdenii	Nerine
Nymphaea capensis	Seerose (blau)
Origanum vulgare	Oregano, Dost
Panicum	Hirse, Rispenhirse
Passiflora caerulea	Passionsblume
Pelargonium zonale	Geranie, Pelargonie
Phalaris arundinacea 'Picta'	Glanzgras, Rohrglanzgras
Phlox paniculata	Flammenblume, Stauden-Phlox
Phygelius capensis	Kapfuchsie
Physalis alkekengi var. *franchetii*	Lampionblume, Judenkirsche
Physalis peruviana	Kapstachelbeere
Pistia stratiotes	Wassersalat
Pittosporum	Klebsame
Pontederia cordata	Hechtkraut
Prunus laurocerasus	Kirschlorbeer, Lorbeerkirsche
Punica granatum	Granatapfel
Pyracantha coccinea	Feuerdorn
Rosa	Rose, Edelrose
Rosa (Frucht)	Hagebutte
Rosa multiflora	Rose, Vielblütige Rose
Rosa rugosa	Rose, Kartoffelrose
Rubus	Himbeere
Rudbeckia fulgida 'Goldsturm'	Staudensonnenblume, Rudbeckie
Ruta graveolens	Weinraute
Salix caprea	Weidenkätzchen
Salvia officinalis	Salbei
Salvinia auriculata	Schwimmfarn
Santolina chamaecyparissus	Heiligenkraut (grau)
Sarracenia purpurea	Schlauchpflanze
Sedum, S. spectabile	Fette Henne, Sedum
Sempervivum tectorum	Hauswurz, Dachwurz
Skimmia japonica	Skimmie
Stachys byzantina	»Eselsohren«, Wollziest
Strelitzia regina	Strelitzie
Symphoricarpos albus	Schneebeere
Tetraria thermalis	»Mikado-Stäbe«
Tripleurospermum maritimum (syn. *Matricaria*)	Kamille, Geruchlose Kamille
Tropaeolum majus	Kapuzinerkresse
Tulipa	Tulpe
Vaccinium myrtillus	Heidelbeere, Blaubeere
Verbena hastata	Lanzen-Eisenkraut
Viburnum tinus	Schneeball, Lorbeer-Schneeball
Vitis vinifera	Weintraube
Weigela	Weigelie
Wisteria sinensis	Blauregen, Glyzine
Xanthorrhoea australis	»Steelgrass«, Grasbaum
Xerophyllum asphodeloides	Bärengras
Xylomelum pyriforme	Australische Holzbirne
Zantedeschia elliotiana	Kalla (gelb)

GLOSSAR

Abstandhalter: Pflanzliches Material, das, in einen Strauß gebunden, aufgrund seiner auseinander spreizenden (Heidelbeerzweige) oder kissenartigen Form (Moos, Hortensienball) die Blumenstiele auf Abstand hält.

Andrahten: Auf einen Blumenstiel oder ein Büschel Grün einen U-förmig gebogenen Floristendraht legen und das längere Drahtende mehrmals fest um Stiel und Drahtbogen wickeln, ein Drahtende oder beide (als »Gabel«) nach unten laufen lassen. So entsteht eine biegsame, stabile Stielverlängerung. Die Stärke des Drahtes richtet sich nach Größe und Gewicht der Blumen.

Angeblüht: Vor allem bei Rosen gebrauchter Begriff für den Zustand der Blüte nach dem Aufspringen der Knospe, das heißt wenn einige Blütenbläter sich nach außen gebogen haben, aber der Kopf noch fest ist. Der beste Moment für Rosenschnitt oder -kauf, da sie so am längsten halten.

Armstrauß: Länglich gebundener Strauß, der schräg über dem Arm getragen wird. Die Blüten weisen nach außen, die Hand liegt als Gegengewicht auf den Stielen. Für eine Braut, Schauspielerin, Operndiva, Jubilarin usw. Meist wird der Armstrauß später aufgelöst und lose in die Vase gestellt.

Band: Auch Schmuckband, Zierband, Dekoband oder Schleifenband genannt, alle Arten von Bändern, die in der floristischen Gestaltung verwendet werden.

Beiwerk: Sammelbegriff für natürliches Zubehör im Blumenarrangement, weitere Begriffe sind Schnittgrün, Blattwerk, Grünzweige, botanisches Beiwerk, Grün.

Biedermeierstrauß: Kurzstieliger, kuppelförmiger Strauß mit Manschette, ursprünglich mit betonter Mitte sowie exakt und dicht, oft im Ringelmuster angeordneten Blütenköpfen. Heute meist allgemein für einen kleinen Strauß mit Manschette gebraucht.

Bindebast: Naturbast (Raffia-Bast), ungefärbt oder gefärbt. Zum Binden von Sträußen am besten immer mehrere leicht angefeuchtete Stränge gleichzeitig verwenden. Daneben gibt es auch Bindebast aus Kunststoff, meist in Grün und auf Rollen oder im Spender erhältlich.

Bindestelle: Die Stelle in einem Strauß, wo die Stiele zusammengebunden sind. Im spiralig gebundenen Strauß ist das die schmalste Stelle. Parallelsträuße erfordern mindestens zwei Bindestellen.

Blattgold: Auch Schlagmetall genannt. Hauchdünne, auf Seidenpapier aufgedampfte Edelmetallschicht. Die Blätter werden auf einen mit speziellem Anlegeöl oder Sprühkleber behandelten Untergrund mit der Schicht nach unten aufgelegt und abgezogen. Das Gold (oder Silber) bleibt haften.

Blumenseide: Dünnes Einpackpapier für Blumen.

Blumenwasserfarbe: Pulver oder Flüssigkeit speziell zum Einfärben des Blumenwassers. Die Blumen selbst nehmen die Farbe nicht an. Gibt es beim Floristen.

Bouillondraht: Dünner, spiralig gedrehter Draht in Stücken, meist in Gold, Silber und Kupfer erhältlich, glitzernde, dekorative Wirkung, sehr beliebt für Drahtgirlanden und festliche Dekorationen.

Bund, Bundware: Schnittblumen-Verkaufseinheit, meist in Folie zu 10 oder 20 Stück, oft preiswerte Angebote im Blumengeschäft und auf dem Markt, unbearbeitet, d. h. die Stiele müssen noch gesäubert werden.

Drahtkantenband: Schmuckband mit drahtverstärkten Seiten, sodass es wellig gebogen oder geknickt werden kann.

Floralkleber: Auch Kaltkleber genannt, Spezialklebstoff für Floristen, mit dem sich auch frische Blüten und Blätter problemlos kleben lassen, ohne braun zu werden.

GLOSSAR

Floristendraht: Technische (versteckte) und dekorative (sichtbare) Drähte in der Floristik, zum Beispiel Steckdraht, Stützdraht, Rebdraht, Wickeldraht, Myrtendraht, Perldraht, Bouillondraht. Erhältlich in verschiedenen Stärken, Längen und Oberflächen.

Floristenwerkzeug: Auch Floristenbesteck genannt. Die Grundausstattung fürs Straußbinden besteht aus Rosenschere, Messer, Drahtschneider, Haushalts- oder Bandschere, dazu als Hilfsmittel Bindebast und ein Sortiment Floristendrähte.

Frischhaltemittel: Auch Schnittblumennahrung genannt, Pulver oder Flüssigkeit, wird nach Gebrauchsanweisung dem Vasenwasser beigegeben. Es enthält vereinfacht ausgedrückt Zucker als Energielieferant sowie bakterienhemmende Substanzen und kann die Haltbarkeit von Schnittblumen verbessern. Es gibt auch spezielle Mischungen, zum Beispiel für Gehölze oder Narzissen.

Fruchtstand: Hervorgegangen aus dem entsprechenden Blütenstand. Botanischer Begriff für mehr oder weniger eng zusammenstehende Früchte, die dem Betrachter oft wie eine einzige Form erscheinen.

Gefäßfüllung: Sammelbegriff in der Floristik für Werkstücke aus gestellten oder gesteckten Blumen (außer gebundenen Sträußen) in Vasen, Töpfen, Schalen und anderen Gefäßen.

Girlande: In der Floristik formbinderische Arbeit, bei der haltbares Grün oder Blumen auf einen Kordelstrang gewickelt werden. Aber auch lockere Auffädelungen von einzelnen Blüten und Blättern auf Draht werden Girlande oder Kette genannt.

Goldener Schnitt: Bezeichnet das Verhältnis der »stetigen Teilung«, bei dem eine Strecke so geteilt ist, dass sich die Gesamtstrecke zum größeren Teil verhält wie dieser zum kleineren Teil, in Zahlen ausgedrückt, ungefähr 8:5:3, das heißt, die Gesamtstrecke ist 1,6 x größer als die größere Teilstrecke, diese ist 1,6 x größer als die kleinere Teilstrecke usw.

Hagebutten: Früchte der Rose, unreif grün, während der Reife in Orange- und Rottöne übergehend, seltener gibt es gelbe, braune und schwarze. In der Floristik sind sie vielseitig einzusetzen, am Zweig oder lose, frisch oder trocken.

Koniferen: Begriff aus der Botanik, wörtlich »Zapfen tragend«. Bezeichnung für Nadelgehölze (Coniferae).

konisch: Kegelförmig zulaufend (Konus = Kegel), eine konische Form ist eine sich verjüngende Zylinderform, wie beispielsweise ein Trichter.

Manschette: Kommt aus dem Französischen und heißt eigentlich »Ärmelchen«. Bezeichnete den zunächst separaten, ab ca. 1600 recht dekorativen Ärmelabschluss des Männerhemdes, auch Handkrause genannt. Daraus sind die heutigen Hemdenmanschetten entstanden. Aber auch der dekorative Abschluss unter einem (Biedermeier-) Sträußchen wurde davon abgeleitet. Fertige Straußmanschetten gibt es heute aus Trockenranken, Papier, Kunststoff, Tüll und anderen Textilien. Wichtig beim Strauß ist, dass keine Lücke zwischen Manschette und Blumen bleibt.

Mimosen: Die echte Mimose, *Mimosa pudica*, kennen wir als Zimmerpflanze mit plüschigen rosa Kugelblüten und Fiederblättchen, die bei Berührung zusammenklappen (daher der Ausdruck »empfindlich wie eine Mimose«). Was wir als gelbe »Mimose« im Spätwinter und Frühjahr im Blumenladen finden, ist botanisch gesehen eine Akazie, zum Beispiel *Acacia dealbata*, die vor allem im Mittelmeerraum als Zierpflanze angebaut wird.

Moiré: Bezeichnet in der Textiltechnik ein mattschimmerndes Muster ähnlich einer Holzmaserung, hervorgerufen durch mechanisch/thermische Veredlung. Am bekanntesten sind wohl die Kranzschleifen aus Moiré-Band.

Mono: Unter Floristen ein häufig gebrauchtes Kurzwort, das die Einheitlichkeit des verwendeten Materials in einem Werkstück beschreibt, zum Beispiel Mono-Strauß aus blauen Anemonen.

GLOSSAR

***Muehlenbeckia*-Gerank:** Feines Trockengerank, drahtige, trockene Ranken in Knäueln oder Wülsten im Handel, natur-dunkelbraun oder gebleicht, vielseitig einsetzbar.

Myrtendraht: Dünner, glatter Schmuckdraht für alle feineren Binde- und Wickelarbeiten in der Floristik (ursprünglich für Brautkränzchen aus Myrtenspitzen).

Orchideenröhrchen: Plastikröhrchen, die Orchideen und andere trockenheitsempfindliche Blumen auf ihrem Transportweg mit Wasser versorgen, mit Gummideckel und darin ein Loch für den Blumenstiel. Beim Floristen in verschiedenen Größen erhältlich.

Organzaband: Transparentes Schmuckband aus imprägnierten Chemiefasern, zum Beispiel Nylon, Imitation von Organdy, das aus Baumwollbatist besteht. In der floristischen Praxis sind oft beide Begriffe nur auf die Transparenz bezogen.

Panaschiert: Bezeichnung für gestreifte oder gefleckte Blätter.

Perldraht: Dünner, genoppter Schmuckdraht auf der Spule, meist in Gold und Silber im Bastelbedarf erhältlich.

Perlendraht: Auch Perlen-Drahtband genannt, Schmuckdraht, auf den in Abständen Zierperlen aufgezogen sind, auch doppelreihig und netzartig. Gibt es fertig zu kaufen im Bastelbedarf.

Perlennadeln: Auch Deko-Stecknadeln genannt. Stumpfe Nadeln in verschiedenen Längen mit einer Zierperle als Kopf, weiß oder farbig, teils mit Perlmuttschimmer.

Polyantharose: Büschelblütige Rose, also mehrere kleine Blüten an einem Stiel.

Proportion: Größenverhältnis verschiedener Teile eines Ganzen zueinander.

Ranken: Im botanischen Sinne sind Ranken die fadenförmigen Klammerorgane verschiedener Pflanzen, mit denen sich die Triebe an fremden Stützen festhalten. In der Floristik ist meist nur die längliche, dünne, oft gewundene Form von Pflanzentrieben gemeint, die sich für entsprechende floristische Werkstücke eignen (Rankenkranz, Strauß mit abfließenden Ranken etc.).

Rebdraht: Auch Rebenbindegarn oder Papierdekodraht genannt, papierummantelter Bindedraht in Stücken oder von der Rolle, naturbraun oder farbig.

Rosenschere: Auch Baumschere oder in leichter Ausführung Blumenschere genannt. Im Garten zum Abschneiden von Pflanzenteilen, in der Floristik zum Kürzen von festen Blumenstielen und Zweigen verwendet (kein Ersatz für frischen Anschnitt mit dem Messer!).

Satinband: Gewebe in Atlasbindung. Die Oberfläche schimmert seidig, auch wenn das Material nicht immer Seide ist.

Schleierblätter: Auch Skelettblätter genannt, Laubblätter von verschiedenen Pflanzen, vor allem *Magnolia grandiflora.* Durch Mazeration (Aufweichen) werden die weichen Teile entfernt, übrig bleibt das Blattgerippe. Schleierblätter gibt es beim Floristen oder in den Trockenblumenabteilungen der Gartencenter, auch gebleicht und gefärbt im Handel.

Sisalfaser: Auch Sisalwatte genannt. Naturfarbene, gebleichte oder gefärbte Fasern der Sisalagave, beutelweise als Trockenmaterial im Blumengeschäft oder im Bastelbedarf erhältlich.

Spiraltechnik: Auch Spiralbindetechnik, die klassische floristische Art, Blumen zu einem Strauß zusammenzubinden. Dabei werden die Stiele rund um die Mitte immer am gleichen Punkt schräg angelegt, sodass die Stiele spiralig verdreht und am schmalsten Punkt gebunden werden können. Siehe auch genaue Beschreibung auf Seite 91.

Spraynelken: Büschelblütige, verzweigte Züchtung der Edelnelken, oft auch »Trosnelken« (aus dem Holländischen) genannt, kleine Blüten, große Farbenvielfalt.

GLOSSAR

Sprühkleber: Vielseitig verwendbarer Klebstoff aus der Spraydose, vor allem für dünnen, großflächigen Klebauftrag. Der Geruch ist oft streng und braucht ein paar Stunden, um sich zu verflüchtigen.

Steelgrass: Handelsname für ein grasartiges Beiwerk in der Floristik. Stammt vom australischen Grasbaum *Xanthorrhoea australis.* Es ist gleichmäßig grün, steifer und brüchiger als das bekannte Bärengras *Xerophyllum asphodeloides.* Es lässt sich gut in Stücken verarbeiten.

Steckdraht: Starker Floristendraht in ca 35 cm langen Stücken, galvanisiert (sieht stumpf-metallisch grau aus), einseitig angespitzt. Der meistgebrauchte ist der »16er«, (1,6 mm Durchmesser).

Steckschaum: Auch Steckschwamm oder Steckmasse genannt, Steckunterlage als Ziegel und in vielen Formen wie Kranz und Herz erhältlich, mit dem Messer schneidbar. Es gibt
a) Frischsteckschaum, meist grün, für Schnittblumen, vor Gebrauch aufs Wasser legen und langsam vollsaugen lassen,
b) Trockensteckschaum, meist grau, gröber, stabiler, für Trockenblumen und Stäbe.

Stützdraht: In der Floristik meist die Bezeichnung für einen mittelstarken Draht (12er, 14er), geglüht (galvanisiert) oder grün ummantelt, in ca. 25 bis 30 cm langen Stücken, mit dem man von Natur aus weiche Blumenstiele von innen verstärken oder von außen andrahten und sie damit in eine dauerhaft gerade oder gebogene Position bringen kann.

Sukkulenten: Pflanzen mit wasserspeicherndem Gewebe.

Tonkinstäbe: Glatte, gerade Pflanzenstützstäbe aus Bambus (*Arundinaria amabilis*), als ganzes Rohr in verschiedenen Längen und Stärken überwiegend im Gartenbau verwendet. Der Name stammt von der Bucht von Tonkin (China), von wo aus die ersten Stäbe dieser Art nach Europa verschifft wurden. Die dünnen, einseitig angespitzten Tonkinstäbe, zum Stützen von Topfpflanzen und in der Floristik gerne zum Aufspießen von Früchten verwendet, sind aus der Wandung des Rohrs geschnitten und werden auch Bambussplitt oder Splittstäbe genannt.

Trockenmaterial: Sammelbegriff für getrocknete Pflanzenteile von Blüten, Blättern und Gräsern bis zu Zapfen und holzigen Exoten.

Tüll: Benannt nach der französischen Stadt Tulle, Sammelbezeichnung für lockere, netzartige Gewebe (früher vor allem aus Seide oder Baumwolle, heute auch aus Chemiefasern), meist für Gardinen verwendet. Beim gewebten Tüll verlaufen die Schussfäden schräg zu den Kettfäden und umschlingen diese. Anschließend wird der Stoff in die Breite gezogen, das ergibt wabenförmige Löcher.

Tüllband: Schmuckband aus Tüll in verschiedenen Breiten und Mustern.

Verjüngung: Begriff aus der Baukunst. Bezeichnet die Verringerung der Ausmaße, zum Beispiel im Durchmesser einer Säule.

Wasserröhrchen: Auch Steckröhrchen genannt, aus Glas (Reagenzgläser) oder Plastik (Orchideenröhrchen).

Werkstoff: Von den Floristen verwendeter Begriff, der meist nur Blumen und andere pflanzliche Materialien in einem Arrangement umfasst.

Werkstück: In der Floristik Fachbegriff für das fertige floristische Gebinde/Arrangement, also Strauß, Gesteck, Kranz etc.

Wickeldraht: Glatter, galvanisierter oder kunststoffummantelter Eisendraht (0,4–0,6 mm) auf Holz gerollt, in der Floristik am häufigsten zum Wickeln von Kränzen gebraucht, in Gold, Silber und vielen anderen Farben als Dekodraht eingesetzt.

Zierkordel: Kordeln allgemein sind runde, aus mehreren Fäden verdrehte Schnüre. Zierkordeln sind (im Gegensatz zu technischen Kordeln) alle Arten von Kordeln, die für dekorative Zwecke verwendet werden, von der dünnen Silberkordel bis zur dicken Vorhangkordel.

SCHNITTBLUMEN-PFLEGE

Schnittblumen sind von dem sie versorgenden Wurzelsystem getrennt. Ihre maximale Lebensdauer ist je nach Art und Sorte begrenzt. Die meisten halten in der Vase ein paar Tage bis eine Woche, einige auch länger. Um die naturbedingte Haltbarkeit optimal auszuschöpfen, gilt es, die wichtigsten Pflegebedingungen zu beachten. An erster Stelle steht die Wasserversorgung, kombiniert mit Verdunstungsschutz.

• Schon beim Einkauf auf gesund aussehende Ware achten. Lassen Sie sich vom Floristen Ihres Vertrauens beraten.

• Unterwegs Stressfaktoren wie Kälte, Wind, Hitze, Sonneneinstrahlung möglichst vermeiden. Schutz bietet eine gute Verpackung in Papier. Den Transport außerdem so kurz wie möglich halten. Dauert er Stunden, fragen Sie im Geschäft nach einer Transportverpackung (zum Beispiel feuchter Wattebeutel oder nasse Steckmasse).

• Lassen sie Schnittblumen (egal ob aus dem Blumenladen oder dem Garten) nicht längere Zeit ohne Wasser liegen. Die meisten Schnittblumen reagieren sehr empfindlich auf eindringende Luft in den Stiel. Schneiden Sie nach jedem – auch noch so kurzen – Transport mit einem scharfen, glatten Messer das unterste Stielstück schräg ab und stellen Sie die Blumen sofort ins Wasser.

• Die einzige Alternative zum Messer ist eine Ikebana-Schere. Damit lassen sich die einzelnen Blumen auch sehr gut unter Wasser anschneiden – übrigens die beste Methode. Aber: Blumen niemals mit einer Haushaltsschere abschneiden, denn diese quetscht die Leitungsbahnen zusammen. Dadurch wird die Wasseraufnahme stark behindert und die Blumen welken schneller

• Schnittblumen außerdem putzen, das heißt von überflüssigem Blattwerk, Seitentrieben und Stacheln etwa im unteren Drittel des Stiels befreien. Das vermindert die Verdunstung und verhindert übermäßige Bakterienbildung durch faulende Blätter im Vasenwasser.

• Vom Transport dennoch schlapp gewordene Blumen sind oft noch zu retten, indem sie angeschnitten, dicht in Zeitungspapier gerollt und für ein paar Stunden tief in lauwarmes Wasser eingestellt oder gleich ganz in die Badewanne gelegt werden.

• Richtig nach Anweisung dosiert, hält Blumenfrischhaltemittel das Wasser klar (Glasvasen!) und erspart tägliches Anschneiden und Wasserwechseln. Darüber hinaus liefert es den Blumen Nahrung und verbessert so ihre Chancen einer optimalen Haltbarkeit.

• Blumen auch in der Wohnung (oder auf Balkon/Terrasse) gegen extreme Bedingungen schützen. Achtung bei Sonne, Heizung, Strahler, Gebläse, Zugluft, Wind, Kälte, Regen oder Frost.

• Schneiden Sie die Blumen für einen Strauß oder ein Gesteck unmittelbar vor dem Verarbeiten auf die gewünschte Länge (wieder schräger Schnitt!) und stellen Sie sie sofort wieder in Wasser bzw. nassen Steckschaum.

• Das Einnebeln der Blumen mit einem Wasserzerstäuber hilft gegen Verdunstung in warmen Räumen, wenn ein Blumenarangement möglichst lange halten soll. Transportable Gebinde sollten bei Wärme wenigstens über Nacht an einen kühleren Platz gestellt werden.

• Je besser Sie die Blumen pflegen, desto länger werden sie halten.

STRAUSSBINDEN SCHRITT FÜR SCHRITT

Arbeitsplatz vorbereiten

Für das Putzen größerer Mengen Schnittblumen legt man am besten eine Plastikplane oder mehrere Lagen Zeitungspapier als Schutz auf den Tisch.

Vor jedem Straußbinden legen Sie als Erstes Ihr Basiswerkzeug bereit: Messer, Rosen-, Draht-, Bandschere, Bindebast. Dazu kommen weitere Werkzeuge, Hilfsmittel und Deko-Utensilien, die für den jeweiligen Strauß benötigt werden. Blumen und Beiwerk, also alle frischen Werkstoffe, vor dem Verarbeiten putzen (das heißt im unteren Drittel Blätter, Seitentriebe und Dornen mit dem Messer sauber entfernen, üppiges Laub etwas reduzieren), Stiele schräg anschneiden und in Wasser bereitstellen.

Zu den Vorarbeiten gehören auch das Andrahten, falls erforderlich, und das Fertigen von Gerüsten oder das Auffädeln von Pflanzenteilen zu Drahtgirlanden. Für die Auffädelungen können zarte Laub- und Blütenblätter auf Schmuckdraht gezogen werden (Früchte oder harte Blätter gegebenenfalls mit Steckdraht vorbohren). Wenn Sie die Floralien ganz oder am Stielchen umwickeln, ziehen Sie den Draht fest genug an, sonst »rieselt« es später. Gleichmäßig gerade Halme, Stielstücke oder Zimtstangen sollten Sie zur Sicherheit nochmal gegendrehen, um die beiden Drähte miteinander zu verzwirbeln. Erst wenn alle Vorbereitungen abgeschlossen und alle Materialien übersichtlich sortiert bereitliegen, sollten sie mit dem eigentlichen Straußbinden beginnen.

Die Spiral-Bindetechnik

Nehmen Sie einen Blumenstiel im unteren Drittel senkrecht in die linke Hand (Linkshänder umgekehrt), fassen Sie ihn zwischen Daumen, Zeige- und Mittelfinger. Legen Sie einen zweiten Stiel davor schräg nach links oben an, sodass sich beide im spitzen Winkel überschneiden. Fügen Sie mit der rechten Hand von vorne die dritte Blume ebenso schräg hinzu, sodass das untere Stielende zwischen Zeige- und Mittelfinger nach hinten verläuft und die Blüte leicht auf Sie zu schaut. Diese drei Stiele in drei Fingern bilden den Anfang.

Legen Sie alle weiteren Stiele von Blumen und Beiwerk in gleicher Weise immer schräg an. Sobald erforderlich, benutzen Sie zusätzlich den Ringfinger und dann die ganze Hand zum Greifen. Legen Sie rund um den Mittelpunkt an, indem Sie jeweils nach drei, vier neuen Stielen mit der rechten Hand über die linke fassen, die nun locker lassen kann, den Strauß drehen und wieder mit links zugreifen.

Bitte achten Sie unbedingt darauf, dass sich die Stiele nie in die andere Richtung kreuzen, sondern spiralig wie ein senkrecht verdrehtes Mikadospiel in der Hand liegen. Weiche Stiele könnten sonst schnell abgequetscht werden. Nehmen Sie nur so viele Stiele, wie Sie mit Ihrer Hand halten können. Wechseln Sie glatte mit rauen Stielen ab, blattlose mit buschig verzweigten, dann geben sich die Stiele gegenseitig Halt, die Straußform wird stabil und das Binden erleichtert.

Zum Schluss halten Sie an der engsten Stelle ein nach oben und unten gespreiztes Bündel in der Hand. Dort mit künstlichem Bindebast oder (angefeuchtetem) Raffiabast zusammenbinden. Erste Methode: Sie klemmen den Strang unter einen Finger der haltenden Hand, lassen ein kurzes Ende von 10–15 cm herabhängen und führen das lange Bastende unmittelbar oberhalb der Hand mehrmals fest im Uhrzeigersinn um die Stiele (ohne diese jedoch zu quetschen). Durch das Anziehen rutscht der Bast hinter der Hand fast automatisch an die schmalste Stelle. Dann können Sie den Strauß hinlegen, dabei die Bastenden festhalten und diese mit beiden Händen verknoten. Zweite Methode: Statt des losen Bastendes klemmen Sie eine Bastschlaufe unter den Daumen. Der Bogen der Schlaufe zeigt dabei in Richtung Blüten. Wickeln Sie den Bast wie oben beschrieben um die Stiele und um die Schlaufe. Am Ende führen Sie das lange Bastende durch die Schlaufe und können nun, indem Sie das Ende der Schlaufe festziehen, schon einen leichten Knoten machen. Jetzt erst hinlegen und nochmal knoten. Die Bastenden kürzen. Stiele mit dem Messer einzeln schräg anschneiden und den Strauß in die Vase stellen.

LITERATURVERZEICHNIS

BÜCHER

Die verwendeten Bücher älterer Herkunft sind über Bibliotheken zu beziehen, falls sie nicht mehr im Buchhandel erhältlich sind.

Beuchert, M.: Sträuße aus meinem Garten. 4. Auflage, Verlag E. Ulmer, Stuttgart 1991

Beuchert, M.: Symbolik der Pflanzen. Von Akelei bis Zypresse. Insel Verlag, Frankfurt/M. 1995

Brinon, P., Landri, Ph.: Blumen und Vasen. Kreationen mit Stil. Gerstenberg Verlag, Hildesheim 1999

Bürki, M., Fleischli, P.: Schnittblumen, Schnittgrün und Fruchtzweige. 3. Auflage, Thalacker Verlag, Braunschweig 1997

Cheers, G. (Hrsg.): Botanica. Könemann Verlagsgesellschaft, Köln 1998

Donzel, C.: Geliebte Blumen. Eine Kulturgeschichte. Gerstenberg Verlag, Hildesheim 1998

Düffert, I.: Sag's mit Blumen, Für jeden Anlass ein Vers und der passende Strauss. Urania Verlag, Berlin 2002

Encke, F.: Kalt- und Warmhauspflanzen. 2. Aufl., Verlag E. Ulmer, Stuttgart 1987

Erhardt, W., Götz, E., Bödeker, N., Seybold, S.: Zander – Handwörterbuch der Pflanzennamen. 17. Auflage, Verlag E. Ulmer, Stuttgart 2002

Granow, G.: Blumen stecken und binden. Ein floristischer Grundkurs. Verlag E. Ulmer, Stuttgart 1999

Itten, J.: Kunst der Farbe. 25. Auflage, E. A. Seemann, Leipzig 1999

Koristka, W.: Blumensträuße selber binden. 4. Auflage, Gräfe und Unzer Verlag, München 1994

Kratz, M.: Blumen für das Grab. Floristische Ideen für das ganze Jahr. Verlag E. Ulmer, Stuttgart 2001

Kratz, M.: Blumen für den Tisch. Dekorative Ideen für festliche Tafeln. Verlag E. Ulmer, Stuttgart 2001

Kratz, M.: Blumen im Frühling. Floristik mit zarten Blüten. Verlag E. Ulmer, Stuttgart 2002

Kratz, M.: Blumen im Winter. Floristische Ideen von November bis März. Verlag E. Ulmer, Stuttgart 2000

Kratz, M.: Floristik mit Rosen. Dekorative Ideen für jedes Ambiente. Verlag E. Ulmer, Stuttgart 2001

Kremer, B. P.: Duft- und Aromapflanzen. Franck-Kosmos Verlag, Stuttgart 1988

Pryke, P.: Neue Blumenarrangements. Naturbuch Verlag, Augsburg 1996

Raworth, J., Berry, S.: Schnittblumen-Arrangements. Gestalten mit Formen, Farben, Düften. BLV Verlag, München 1997

Schuber, R., Wagner, G.: Botanisches Wörterbuch. 12. Auflage. Verlag E. Ulmer, Stuttgart 2000

Schubert, M.: Wohnen mit Blumen. 18. Auflage, BLV Verlag, München 1998

Sprunger, S., Wieler, M.: Trockenmaterialien für die Floristik. Verlag E. Ulmer, Stuttgart 1992

Unterweger, W.-D. und U.: Blumensträuße aus Wiese, Feld und Wald. Flechsig Verlag, Würzburg 2000

Wagener, K. (Hrsg.): Festival der Sträuße. Thalacker Verlag, Braunschweig 1996

Wegener, U.: Sträuße. Geschichte, Technik, Gestaltung. Verlag E. Ulmer, Stuttgart 1992

REGISTER

Autorin

Monika Kratz ist nach Floristausbildung, Germanistik- und Kunstgeschichtsstudium sowie der Chefredaktion einer floristischen Fachzeitschrift heute freiberuflich tätig als Fachjournalistin im Bereich Floristik. Sie schreibt für Fachzeitschriften im In- und Ausland, Special-interest-Zeitschriften und Fachbücher und führt als Moderatorin durch floristische Fachveranstaltungen. In Ihrer eigenen, 2001 gegründeten MOKRA-Veranstaltungsreihe »Wege zu Kunst und Kultur« schafft sie ein Forum, wo Menschen der unterschiedlichsten Interessensgebiete sich begegnen. Gestaltung mit Blumen gehört dazu.
Monika Kratz hat das floristische Konzept für das vorliegende Buch und die Reihe »UlmerFloristik« entwickelt. Bisher erschienen sind: »Blumen im Winter – Floristische Ideen von November bis März« (2000), »Blumen für den Tisch – Dekorative Ideen für festliche Tafeln« (2001), »Floristik mit Rosen – Dekorative Ideen für jedes Ambiente« (2001), »Blumen für das Grab – Floristische Ideen für das ganze Jahr« (2001), »Blumen für die Hochzeit – Floristische Ideen für eine traumhafte Trauung« (2002) und »Blumen im Frühling – Floristik mit zarten Blüten« (2002). Außerdem erschienen: »Tor Gundersen – Werke«, Verlag E. Ulmer, Stuttgart 2002.

Monika Kratz · Ginsterweg 61 · 50169 Kerpen
Tel. 02273 – 94 17 71 · E-Mail: MoKratz@aol.com

Floristik

Die Straußideen für dieses Buch hat **Thorsten Ulbrich** mit sensibler Hand und sicherem Gespür praktisch umgesetzt. Der engagierte Florist hat bereits erfolgreich an Bundesgartenschauen teilgenommen und 2001 wurde er Vizemeister im Floristenwettbewerb NRW. Er ist derzeit tätig im elterlichen Betrieb in Solingen (Bergisches Land). Seine Spezialitäten sind Hochzeitsfloristik und Messedekorationen. Die Fotos zum Buch entstanden in seinen Privaträumen.

Blumenhaus J. u. R. Ulbrich · Höhscheider Str. 114 · 42699 Solingen
Tel. 0212 – 65 03 16 · Fax 0212 – 493 10

Fotograf

Die stimmungsvollen Aufnahmen der Sträuße wurden mit Fantasie und großem Einsatz von **Jürgen Schulzki** realisiert. Seine Erfahrung auf dem diffizilien Gebiet der Floristik-Fotografie sowie sein Drang, immer das Optimum herauszuholen, haben eindeutig zum Gelingen des Projekts beigetragen. Hauptsächlich ist er als Food-Fotograf tätig. Seine Bilder sind in verschiedenen Medien (Zeitschriften, Kochbücher etc.) veröffentlicht.

Fotografie Jürgen Schulzki · Gereonswall 114 · 50670 Köln
Tel. 0221 – 912 94 74 · Mobil 0172 – 561 44 19
E-Mail: JSchulzki@aol.com · Internet: www.FotografieSchulzki.de

Dank

Viele Menschen sind an einem Buchprojekt beteiligt, allen ein herzliches Dankeschön! Zum Beispiel dem Blumengroßhandel Zwaan/NL, der das Projekt mit Material unterstützt hat. Den hilfreichen Händen von Fotoassistentin Andrea Scharte. Ganz wichtig: Mutter Ulbrich, die das Team mit bergischen Eintöpfen auf den Beinen hielt. Danke dem ganzen Team, dass trotz großer Anspannung eine prima Stimmung herrschte. Ein besonders lieber Dank geht an O.G.A, meinen Lebensgefährten, für seine Geduld und kritisches Gegenlesen.

Lassen Sie Blumen sprechen!

Frühlingsblumen sind etwas ganz Besonderes. Sie sind die ersten bunten Farbtupfer nach dem langen Winter und die Freude über das Erwachen der Natur erfüllt uns jedes Jahr aufs Neue. Viele kleine Dinge symbolisieren für uns den Frühling: Das neue Wachstum, die frischen Farben, der köstliche Duft. Wie lässt sich durch Blumen unsere frohe Erwartungshaltung ausdrücken? Zahlreiche Ideen, von schlicht und leicht bis üppig und bunt, zeigen uns die vielseitigen Gesichter des Frühlings. Die Werkstücke sind ganz einfach selbst herzustellen. So kann der Frühling auch im Haus Einzug halten.

Aus dem Inhalt

Form und Struktur: Kostbarkeiten und Mini-Sträuße aus besonderen Blüten. Licht und Farbe: ein transparenter Narzissen-Paravent, eine Pflanzschale für den Garten. Duft: Flieder, Maiglöckchen und Levkojen.

Blumen im Frühling. *Floristische Ideen von März bis Mai. M. Kratz. 2002. 94 Seiten, 57 Farbfotos. ISBN 3-8001-6771-9.*

Blumen sind bei Hochzeiten überall dabei – im Haar der Braut, als Brautstrauß, am Revers des Bräutigams, in der Kirche und auf der festlichen Tafel.

Der traumhafte Blumenschmuck kann anhand der im Buch gezeigten Beispiele ganz einfach selbst gefertigt werden – ein individueller und persönlicher Ausdruck des Brautpaars. Zahlreiche Werkstücke, klassisch, schlicht, witzig und ungewöhnlich, werden in dem Buch Schritt für Schritt beschrieben. Dabei bleibt genügend Spielraum für eigene kreative Variationen.

Aus dem Inhalt

Brautsträuße: Biedermeiersträuße, Blumenwasserfälle, Blumenschal, Brautstraußhalter richtig verwenden – Kopfschmuck: Blütenkranz, Blumenspange, Girlanden, Hutschmuck – Körperschmuck: Anstecker, Blütencollier, Blumenschleppe, florale Krawatte – Hochzeitsdekoration: Blumen für Kirche, Auto und Tafel.

Blumen für die Hochzeit. *M. Kratz. 2002. 94 S., 45 Farbfotos. ISBN 3-8001-3812-3.*

Wie lassen sich die vielen Facetten der Rose dekorativ hervorheben? Ob zartes Moosröschen oder prächtige Freilandrose – das ganze Jahr über können wir mit der beliebtesten aller Blumen unsere Wohnräume stimmungsvoll gestalten. In diesem Buch sind 30 außergewöhnliche Arrangements beschrieben, vom klassischen Rosenpokal bis zum modernen Kranz – sie alle zeigen die Rose in ihrem schönsten Licht. Wichtig: Alle Werkstücke basieren auf einfachen Techniken und sind auch ohne Vorkenntnisse leicht nachzuarbeiten. Gestalten Sie mit!

Aus dem Inhalt

Girlanden aus Rosen und Hagebutten. Englische Rosen im Silberpokal. Streubild aus Blütenblättern. Viktorianischer Rosenkorb.

Floristik mit Rosen. *Dekorative Ideen für jedes Ambiente. M. Kratz. 2001. 94 Seiten, 56 Farbfotos. ISBN 3-8001-6770-0.*

Lassen Sie sich durch Blumen inspirieren!

Wie wird der ganz alltägliche Mittagstisch zum festlichen Augenschmaus? Wie kann der alte Beistelltisch in neuem Glanz erstrahlen? Ganz gleich wofür – auf die gute Idee kommt es an! Dieses Buch zeigt 32 attraktive Tischdekorationen für viele Anlässe. Bei aller optischen Raffinesse sind die Techniken einfach und ohne Mühe oder besondere Vorkenntnisse nachvollziehbar. Überzeugen Sie sich selbst!

Aus dem Inhalt

Sonnenblume für den Singletisch. Blütenherz für zwei. Gedeckschmuck für einen Ehrengast. In trauter Runde. Festliche Familientafel. Sandkasten- und Planschbeckentisch. Kürbistafel zu Halloween. Der Tisch zum Thema Blau. Tischblumen und Gräser unter Glas.

Blumen für den Tisch. *Dekorative Ideen für festliche Tafeln. M. Kratz. 2001. 94 Seiten, 56 Farbfotos. ISBN 3-8001-3401-2.*

Wie lassen sich unsere Wohnräume auch in der tristen, kalten Jahrezeit lebendig gestalten? Mit den schönsten Blumen des Winters macht das besondere Freude – ob mit Schnittblumen, Exoten oder blühenden Zimmerpflanzen. In diesem Buch werden 16 außergewöhnliche Arrangements beschrieben, vom zarten Adventskranz in Wachs bis zum kostbaren Tafelschmuck mit Orchideen. Was man den Arrangements nicht ansieht: sie sind verblüffend einfach und schnell nachzuarbeiten, mit wenig Mitteln und ohne besondere Vorkenntnisse. Vor allem beachtenswert: hier liegt eine erfrischende Mischung aus Bilderbuch und Bastelanleitung vor, das neben den Arbeitsschritten auch die Gestaltungsprinzipien und deren Hintergründe erklärt. Der Leser erhält viel Information und Grundwissen rund um die Werkstücke, dazu viele Tipps und Anregungen für Variationsmöglichkeiten.

Blumen im Winter. *Floristische Ideen für November bis März. M. Kratz. 2000. 94 S., 56 Farbf. ISBN 3-8001-6772-7.*

Grabschmuck selbst fertigen und zum Friedhof tragen – das verbindet uns besonders innig mit den Menschen, die von uns gegangen sind. Wie kann man mit Schalen, Sträußen oder Kränzen die vorhandene Grabgestaltung akzentuieren? Welche Symbole geben Sinn? Und wie lässt sich auch aus einfachsten Materialien das ganze Jahr über Grabschmuck herstellen? 36 Ideen zeigen in diesem Buch, wie vielseitig man Gräber mit Blumen schmücken kann. Das Besondere: alle Werkstücke sind komplett kompostierbar. Das hilft, die Friedhofskultur zu pflegen und zu bereichern.

Aus dem Inhalt

Sträuße für hohe oder kurze Vasen, mit Chrysanthemen oder Kalla. Kränze und Girlanden aus Weiden, Birken oder Nelken. Symbole: ein Kreuz aus duftigen Blüten, Rosenherz als Liebesgabe, tröstende Mimosen. Schalen und Körbe, schlicht bepflanzt oder voller Blumen.

Blumen für das Grab. *Floristische Ideen für das ganze Jahr. M. Kratz. 2001. 96 Seiten, 56 Farbfotos. ISBN 3-8001-3275-3.*